Reinhold

CERVINC
NOBILE S

Traduzione di Manuela Carozzi

CORBACCIO

Titolo originale: *Absturz des Himmels*
Traduzione dall'originale tedesco di *Manuela Carozzi*

www.corbaccio.it

ISBN 978-88-6700-041-8

1

Carrel lancia un grido nel sonno e alza la testa, come se si fosse svegliato.

«Ha chiamato?» chiede Sinigaglia.

«No», risponde Gorret, la giovane guida alpina. «Sta sognando. Forse la transumanza, la caccia.»

«Ha paura?»

«Di cosa?»

«Magari del maltempo.»

Gorret guarda Carrel, sdraiato sul suo tavolato a russare. Si è addormentato subito, nel piccolo rifugio a metà strada verso la vetta.

«No, ha preso sonno prima che scoppiasse la tempesta.»

«E allora come mai quest'urlo spaventoso?»

«Jean-Antoine è stanco. Sono giorni ormai che a mezzanotte è già in attività, prima sul Monte Bianco, poi la traversata da Chamonix a Courmayeur attraverso i passi.»

«Capisco, dev'essere davvero esausto.»

«Ritirata?» chiede Sinigaglia mentre si scalda le mani davanti al fuoco.

Gorret scuote il capo. Guarda storto il torinese, solo per un istante, e borbotta qualcosa tipo «No, no». Non torneranno indietro, lui ha bisogno del compenso da guida per i suoi figli.

Dentro la piccola stufa a muro crepitano ciocchi di legno, sul tetto tirano raffiche di vento degne di un uragano. Quando Carrel si sveglia, si guarda attorno, fiuta l'aria di quella stanza fumosa, tende l'orecchio verso il temporale: un animale spaventato.

«E questa tempesta?» chiede, come assente.

«Venuta all'improvviso, dal nulla», gli risponde Gorret.

«Non mi piace per niente.» Segue un lungo silenzio. «C'è neve fresca?»

«Grandine e neve.»

«Quanta?»

«Non lo so.»

Mentre torna pian piano in sé, Carrel capisce che di un'altra salita sul Cervino non se ne parla. Anche scendere sarà estremamente difficile: la roccia non si vede, la via è ghiacciata. La sua via versa nelle condizioni peggiori che si possano immaginare. Ma lui è più angosciato dal timore di restare bloccato lì per giorni. Devono comunque tentare la discesa? Subito? Asserragliarsi nel rifugio se la tempesta persiste può trasformarsi in un incubo.

Ma Sinigaglia preferisce aspettare. Una notte, almeno.

Poi le due guide alpine si accordano su un piano. «Quando il vento cala, scendiamo», propone Carrel. «Domani, oggi è troppo tardi.»

«Domani quando?» vuole sapere Sinigaglia.

«Alle prime luci del giorno.»

«Tutti e tre?»

«Sempre con il signore in mezzo.»

«Non possiamo rimandare la discesa ancora un po'?» Sinigaglia spera ancora che il tempo migliori. È lui l'ospite. È lui che paga.

«Il vento è troppo forte», risponde Carrel. «Ci vorranno settimane prima che sia di nuovo possibile salire alla vetta.»

«E perché?»

«Perché è tutto pieno di neve portata dal vento: crepacci, creste, cenge.»

Carrel butta di lato le coperte, con un gemito si mette a sedere e poi si alza a fatica dal suo giaciglio. Non ha l'aria di una persona assonnata: ha l'aria di un vecchio. Guance cadenti, schiena leggermente ricurva, barba canuta. Solo gli occhi brillano, ben aperti nel loro incavo annerito. Si infila le scarpe – calzature in cuoio chiodate alte fino alle caviglie, come quelle che portano i contadini in montagna quando tagliano la legna – e va alla porta. Il

pavimento scricchiola, sebbene lui si stia aggirando sui listoni come un fantasma in preda al mal di mare. Forse vuole mettere paura alla tempesta là fuori.

All'inizio non vede nulla. Poi, dopo che i suoi occhi hanno avuto la meglio sull'oscurità, ecco un vortice di fiocchi di neve. Il vento gli strattona la casacca di loden, un freddo carico d'umidità gli entra nei polmoni. I gradini che dalla piattaforma su cui si trova conducono verso la via di salita sono spariti, sepolti sotto la neve. Poi guarda in alto: le pareti della Gran Torre, che incombono sul loro rifugio, sono ancora più cupe del baratro sotto di lui. E dov'è il resto del mondo? Dietro a nubi che s'inseguono veloci, Carrel scorge una pallida luna invernale, così lontana ed eterea che non sembra nemmeno di questo mondo.

«Il cielo non c'è più», Gorret sente dire al vecchio mentre torna dentro al rifugio. Carrel si scuote, alza la testa, mormora qualcosa. Ora lo sa anche Sinigaglia: non si mette bene.

Arrivati al rifugio, in tarda mattinata, avevano incontrato Daniele e Antonio Maquignaz, Pietro Maquignaz e Edoardo Bich, che avevano attrezzato un tratto di via con corde fisse. Le giovani guide avevano rafforzato la speranza di Sinigaglia che il giorno seguente il tempo sarebbe stato magnifico: Carrel sarebbe senz'altro riuscito a condurre la sua squadra in vetta! Verso le tre del pomeriggio, il gruppo Maquignaz era sceso verso il Breuil.

Carrel era rimasto a guardare i quattro giovanotti e li aveva salutati un'ultima volta con la mano. Poi aveva voluto riposarsi un attimo.

Ora, dentro al rifugio, Carrel non parla.

Controlla ancora una volta il tempo: dal Monte Bianco soffiano nuvole di tempesta, il cielo si è incupito come un oceano in burrasca. Quando esce per la terza volta dal rifugio, la depressione ha raggiunto la Dent d'Hérens; i seracchi a lui familiari e le creste di ghiaccio filigranate sono spariti, sulla grande montagna a ovest regna solo il caos: un quadro nei toni del nero e del blu.

Carrel spera si tratti di un temporale passeggero. Però prevede guai, è incerto. Il vento che soffia da nord aumenta ora dopo ora.

Carrel rimugina, rievoca con la memoria i peggiori episodi di maltempo della sua vita da guida alpina. Come se dai pericoli scampati fosse possibile trarre la forza di sopravvivere. Spetta a lui la responsabilità, ora non può commettere errori, non può allarmare l'ospite. Se avessero continuato verso la vetta come voleva Sinigaglia, a quest'ora, in discesa, si sarebbero trovati in trappola: chissà dove, senza riparo, ancora molto in alto sulla montagna.

Nel frattempo, anche l'ospite ha capito che se Carrel non avesse imposto quell'attesa a quest'ora sarebbero tutti morti. Il vecchio era riuscito a prevedere il brusco cambiamento? A intuire cosa sarebbe accaduto? Il tempo aveva iniziato a peggiorare soltanto dopo che i quattro giovani avevano lasciato il rifugio. E lo aveva fatto con una rapidità ignota tanto a Sinigaglia quanto a Gorret. Che tempesta! Neve, prima a ciel sereno, poi neve ghiacciata.

« Avresti dovuto svegliarmi », dice ora Carrel a Gorret. Non è un rimprovero, forse un ammonimento. Per il futuro.

Adesso è troppo tardi per seguire i giovani a valle.

Verso sera cambia il vento. Di colpo. Poco dopo, sul Cervino scoppia una tempesta di grandine così violenta che anche Carrel comincia a fare i conti con la paura. È un continuo di tuoni, massi che cadono, un fragore incessante. Come se l'intera montagna stesse per franare. Per poi seppellirli. I lampi squarciano una notte nera come la pece mentre l'aria, carica di elettricità, brilla nella semioscurità. Per due ore, fuori dalle finestrelle sembra risplendere l'aurora boreale. I lampi illuminano a più riprese l'interno del rifugio, tanto che pare giorno. E la tempesta non accenna a diminuire: prosegue per tutta la notte, per un giorno intero e un'altra notte ancora.

Carrel è sotto le coperte, gela. Si sente impotente, sogna e nel sogno si vede rimpicciolito. Come se tutta la sua esperienza non valesse più nulla, tutte le energie fossero esaurite, come se il coraggio fosse nient'altro che la tracotanza di un folle.

Fuori ancora neve, e vento che scuote il tetto e le pareti. La

temperatura scende molto sotto lo zero, la finestra che guarda a valle è tappezzata di bianco. Anche all'interno del rifugio si è ghiacciato tutto. Carrel sa che, ora, sopravvivere là fuori sarebbe impossibile. Per fortuna il rifugio è stabile: non porta forse il suo nome? Non ha contribuito lui stesso a costruirlo? No, meglio non pensare a come sarebbe andata se non fossero stati lì dentro.

«Una discesa precipitosa adesso vorrebbe dire morte sicura», sussurra piano.

Quando la legna da ardere è finita e tutte le provviste sono state consumate, Carrel riflette comunque su una via d'uscita. Nonostante la visibilità nulla e il concreto pericolo di morire durante la discesa. La cosa peggiore è tutta quella neve fresca! No, meglio aspettare, gli dice l'istinto. E così si avvolgono nelle coperte, bruciano i mobili – panche, uno scaffale smontato, il tavolo – e attendono. La paura di morire assiderati si fa insopportabile. In un sogno a occhi aperti, Carrel si vede scendere a valle. Ci è riuscito cento e più volte, e ora nella sua mente si rincorrono tutte le vicende vissute e sopportate dagli uomini sulla sua montagna, in una serie infinita di immagini. Deve farcela anche stavolta a tornare, giù a valle, assieme al suo ospite, alle loro vite. Ancora una volta soltanto. La responsabilità è sua.

2

Alla luce del crepuscolo, tre sagome sono in piedi davanti a una delle umili baite di Avouil, dove la valle comincia ad allargarsi e lo sguardo spazia su una distesa di pascoli che si estende fino ai ghiacciai. Gli uomini stanno gesticolando, perché il torrente glaciale che spumeggia poco sotto di loro è così fragoroso che quasi non riescono a sentirsi. È come se volessero che quella montagna, che nel riflesso del sole al tramonto brilla come un cristallo, fosse l'oggetto delle loro suppliche. Nella valle non ci sono altri punti dai quali il Cervino risulti altrettanto imponente: qui è un cuneo gigantesco che si erge nell'infinito.

«Allora domani mattina», dice uno dei tre mentre se ne va.

«Buonanotte», risponde un altro.

«A domani.»

«Prima che sorga il sole e nel silenzio più assoluto», precisa il terzo. Saluta ancora con un rapido gesto della mano. Per non destare sospetti, il mattino dopo ognuno dei tre dovrà raggiungere quel punto d'incontro da tre direzioni diverse. Proprio come ora se ne torneranno alle loro case, ognuno per conto proprio.

Avouil, un agglomerato di piccole fattorie al margine inferiore del versante meridionale del Cervino, con case costruite in pietra e tronchi di legno, nei mesi estivi è dimora di una manciata di famiglie. È da qui che partono per condurre i loro animali sui pascoli d'altura ed è sempre qui che conservano burro, formaggio e legna da ardere.

All'alba, quando in cielo si vedono le ultimissime stelle e la valle è ancora avvolta nell'oscurità, i tre salgono su per la montagna. Ad Avouil questo significa andare a caccia di marmotte, e loro hanno con sé anche lo strumento tipico del mestiere, il

«grafio», un lungo bastone di frassino munito di uncini in ferro a un'estremità.

Sono tre figure singolari, quelle che in questo mattino sgombro di nuvole si dirigono verso il Cervino, la «Gran Becca», come la chiamano tutti in valle. C'è Jean-Jacques Carrel, vestito di scuro, scarno, cappello a tesa larga in testa. Sembra che, in quanto più anziano del gruppo, abbia lui il comando. È cacciatore, dotato di un infallibile istinto per il territorio e una capacità d'immedesimazione così spiccati che a volte viene preso lui stesso per un animale selvatico. Durante la caccia ai camosci, sul ripido versante meridionale del Cervino, corre, arrampica e salta come fosse lui stesso uno di loro. Si dice che nell'intera valle non abbia uguali: viso scottato dal sole, mani solcate di rughe, occhi come strette fessure sotto la falda del cappello. Il tempo trascorso sui pascoli e fra le più alte tra le cime accessibili, inseguendo la selvaggina con il freddo e con il caldo, con la pioggia e con la nebbia, lo ha plasmato. Nel suo atteggiamento c'è molta sicurezza di sé, ma non presunzione. Come tutti gli uomini della valle parla poco, la domenica va in chiesa e durante la settimana lavora. Quasi un quarto di secolo prima era stato l'unico temerario a scendere in un crepaccio sul colle del Teodulo per raggiungere un infortunato, e ancora oggi è sempre disposto a rischiare la vita.

Jean-Antoine Carrel non solo sembra un fuorilegge: il suo sguardo audace e il suo coraggio hanno contribuito a renderlo uno spirito solitario. Nella valle lo chiamano, per prenderlo in giro, il «Gallo della Valtournenche». Gorret è molto più giovane e, in quanto seminarista, affianca alla curiosità una maggior dose di prudenza rispetto agli altri due alpigiani.

Ora i tre, Jean-Jacques in testa, salgono spediti. Dopo svariati inverni fatti di conversazioni segrete e solitarie estati nelle malghe, con lo sguardo sempre più spesso rivolto al Cervino, vogliono finalmente scoprire quanto in alto possono arrivare sulla loro montagna. Sono camminatori dal passo sicuro, infaticabili, eccezionali. Avanzano con regolarità e senza parlarsi.

In località Planet incontrano Gabriel Maquignaz e Victor Carrel detto «*le peintre*», il pittore, ma non fanno menzione dei loro propositi. Chiacchierano un po' di marmotte e del tempo, poi proseguono. I due pastori salutano imbarazzati e scuotono il capo, come se non volessero essere complici della pericolosa nonché vietata caccia in alta montagna. Ancora più su, i tre si imbattono in un malgaro che li saluta con un cenno. Sventolano il «grafio» e salgono più in fretta. A guardarli, coi loro grandi occhi, ci sono a quel punto solo le vacche al pascolo.

«Un brutto giorno per le marmotte», mormora il pastore

mentre superano il suo gregge. Presto diventano per lui punti neri sempre più piccoli via via che si inerpicano sul ripido pendio della montagna. Per fortuna, sul pascolo più alto non c'è più nessuno. Soltanto le capre gironzolano da quelle parti, fiutando curiose e avide di sale i loro vestiti.

Finalmente soli – le marmotte fischiano, un'aquila vola in cerchio tra isolate nuvole bianche, sul ghiacciaio alla loro destra scroscia l'acqua di disgelo – si fermano. Ora possono concedersi tempo. Quando poi si avvicinano lentamente al limitare della vegetazione, vedono ovunque marmotte che si nascondono nelle loro tane.

Sulla morena del ghiacciaio del Cervino si voltano verso la cresta rocciosa, che delimita il ghiacciaio a sinistra. «Keu de Tzarciglion», dice il cacciatore, che qui conosce ogni roccia per nome. Sa che già suo nonno si era spinto fin lì, a caccia di camosci. Salgono, per un paio d'ore, una cresta rocciosa ben gradinata. Senza un piano preciso, senza proferire parola. Un gradino dopo l'altro. Tutto fila liscio. Solo la vista delle pareti rocciose con quei profondi crepacci, più a destra sopra il ghiacciaio, li fa rabbrividire.

Prima ancora che abbiano raggiunto il punto più alto di una forcella a sinistra del Cervino, si dividono: il cacciatore cerca la sua strada sulla neve dura, mentre gli altri due restano sulle rocce, dove trovano più sicuro procedere. Quando Gorret sente il cacciatore che chiama aiuto, Jean-Antoine accorre. Jean-Jacques non può andare avanti né tornare indietro, nemmeno di un passo. Basterebbe un movimento di troppo per fargli perdere l'equilibrio e farlo precipitare cento metri più giù. In quel punto la superficie ghiacciata è così ripida e liscia che, se scivolasse, non troverebbe appigli.

Dallo sgomento collettivo si riprende per primo Jean-Antoine Carrel. È il più abile dei tre e ora è lui a prendere il comando. Il «bersagliere», come a volte lo chiamano in valle, e Amé Gorret, il seminarista, cercano di andare in soccorso del cacciatore. Passo dopo passo, bastone da montagna alla mano, si avventurano sul

ghiaccio tenendosi l'uno all'altro. Riescono, con Jean-Antoine sempre davanti, a procedere tentoni fino al cacciatore, a cui sfilano l'ascia dalla bisaccia che ha con sé. A quel punto Jean-Antoine scava dei gradini nel ghiaccio sui quali tutti e tre possono bilanciarsi. Fino a tornare sulla roccia.

Le montagne si possono scalare soltanto coi propri pari. Jean-Antoine non lo dice, salva l'informazione nella memoria. Diventa istinto.

Senza fiato, poco dopo i tre raggiungono la cresta tra la Testa del Leone e la Dent d'Hérens, da dove possono per la prima volta osservare l'altro versante del gruppo montuoso. Lì si apre uno scenario inaspettato: sbalorditi, gli scalatori vedono, cinquecento metri sotto di loro, il ghiacciaio di Tiefmatten! Non avevano sentito la storia secondo cui dietro al Cervino c'era la località di Hérens? In Valtournenche questa leggenda di un abitato dietro le montagne si tramanda da secoli. Lì, però, non c'è un paese, ma solo una valle ghiacciata racchiusa tra immense pareti rocciose. Uno sguardo mozzafiato sull'abisso! Tacciono per qualche istante, ancora sconvolti dal silenzio dell'ambiente che li circonda – una progressione di pareti rocciose, l'una dietro l'altra – così diverso dalla loro verdeggiante valle d'origine, diverso anche dal paradiso per come lo aveva descritto il parroco dal pulpito nei giorni di festa comandata. Che abissi! Ghiacciai lacerati, e sopra vette alte fino al cielo che, per i contadini del Breuil, sono ancora tutte senza nome. Si trovano sulla sella tra la loro valle e, sotto, una terra selvaggia e deserta. A sinistra, la cresta conduce alla Dent d'Hérens; a destra, sopra la Testa del Leone, svetta il Cervino.

All'improvviso uno dei tre comincia a far rotolare dei massi giù nel baratro. Guardano i detriti roteare, li seguono con lo sguardo e si entusiasmano quando, nella caduta, questi sollevano nubi di neve sottile, compiono balzi giganti frantumandosi contro le rocce con tonfi sordi e infine, molto in basso, spariscono inghiottiti dalle misteriose voragini del ghiacciaio.

Non hanno fretta. Certo, sono stanchi, ma il sole è ancora alto e il Cervino per nulla distante. Da qui, la fuga delle sue rocce sembra più articolata che da Avouil. E la vetta sopra di loro! Jean-Antoine sa che un giorno la raggiungerà.

«Curioso», dice uno di loro. «Da questa nuova prospettiva il Cervino sembra meno inavvicinabile che dalla valle.»

La montagna non è loro proprietà – o forse sì, in fin dei conti nessuno la può portare via – ma, quel giorno, Jean-Antoine la rende il suo obiettivo.

Gli altri due non pensano più a una scalata, bensì proseguono la salita mossi da pura curiosità. Senza difficoltà raggiungono la Testa del Leone, dalla quale guardano per la prima volta l'ampio baratro che li separa dal Cervino vero e proprio. Sull'altro versante, per il momento irraggiungibile, l'irta roccia svetta fino al cielo.

Quando scendono a valle attraversando longitudinalmente il versante sud della Testa del Leone, scoprono una serie di cenge grazie alle quali è possibile arrivare ai piedi del Cervino molto più facilmente che lungo la loro via di salita.

3

Da quel giorno, in Valtournenche si parla di Jean-Antoine Carrel come di una leggenda, di un folle che vuole salire sulla Becca. L'obiettivo però si addice al «Gallo», se si pensa che nella valle il Cervino è considerato la «montagna del diavolo»: le sue pendici sono le porte per gli inferi, le due cime fatte solo per gli spiriti.

«E comunque non per gli uomini», sostiene il parroco.

Jean-Antoine Carrel non risponde. Lui lo sa: il Cervino può essere scalato.

Suo zio, canonico ad Aosta che torna solo di rado in Valtournenche, minimizza quando viene a sapere dell'impresa di Jean-Antoine: quella gita non era stata altro che una ragazzata di cui non valeva nemmeno la pena discutere. Dentro di sé, tuttavia, è anche lui convinto che il Cervino possa essere salito. Ammira l'abilità, il coraggio e l'energia di suo nipote, e da tempo coltiva lui stesso l'idea che le montagne attorno ad Aosta vadano esplorate. Già da ragazzo, quando ancora nessuno pensava a studiare i fenomeni alpini, ha allestito sul tetto della sua canonica un primo osservatorio destinato a diventare presto una delle stazioni di ricerca meteorologica più importanti d'Italia. Ha iniziato coi disegni che era ancora studente, e ancora adesso continua a raccogliere dati su piante, clima, ghiacciai. In tutto ciò, deve lottare continuamente contro i pregiudizi dei compaesani, i quali considerano la sua brama di servire la scienza e raggiungere quella vetta una semplice idiozia. Niente di male, quello no, ma del tutto inutile.

Il canonico conosce il Cervino sin da giovane, lo vede svettare sopra le montagne che circondano Aosta, ed esulta: *la Gran Becca! Non sarà la cima più alta d'Europa, ma è indiscutibilmente la più bella!* Sono decenni che si occupa della questione se tale vetta possa essere scalata o meno e della responsabilità che un tentativo comporterebbe. È giusto che l'essere umano intraprenda un'impresa temeraria, non pienamente controllabile? Anche se non serve a nulla? Nessuno come questo uomo di cultura riesce a vedere che nel Cervino c'è tanto di prezioso quanto di spaventoso. Parla del « suo Cervino », si abbandona più volte alla speranza che un giorno potrà essere lui stesso a scalarlo. Se ne assumerà la responsabilità! Associa a questa cima l'idea dell'ascesi: ogni escursione in montagna non è forse un atto di purificazione, ogni scalata un pellegrinaggio? Senza contare che la sua patria, grazie agli stranieri attratti in numero sempre più folto dall'accessibilità del Cervino, acquisterebbe maggiore notorietà. Riesce a prevedere anche l'aumento del benessere che ne deriverebbe. Forse questa maestosa piramide di roccia non avrà valore economico, pensa, ma come emblema è impagabile. E dentro di sé spera che, quando verrà scalata per la prima volta, la valle e suo nipote ne trarranno fama.

Lo sa il vicario che, nello stesso anno, il 1857, Gabriel Maquignaz e Victor Carrel « il pittore » stanno sperimentando un'altra via d'accesso alla montagna? Salgono dal lato orientale della Testa del Leone, ma vengono quasi uccisi dai massi che precipitano nei canaloni. Proseguire è impossibile: profondamente sconvolti e ammutoliti, tornano ai loro pascoli.

4

Il Weisshorn e il Cervino sono le montagne che, nel 1861, il ventunenne Edward Whymper ha deciso di scalare. Per primo! È la sua seconda estate nelle Alpi e il ragazzo punta già molto in alto: dovranno essere i quattromila più difficili di tutti. È la stupidità, la presunzione o l'audacia della gioventù ad abbagliarlo? Giunto al Breuil sente dire – e spera siano soltanto voci – che il Weisshorn è già stato scalato; quanto al Cervino, tutti lo ritengono impossibile, ma John Tyndall tenterà comunque. A quanto pare il professore è al Breuil appunto per coronare la vittoria sul Weisshorn con la prima scalata anche dell'altro monte. In Valtournenche, questo Tyndall è un personaggio stimato: generoso con le guide e affabile coi portatori. Su Whymper, invece, si inizia presto a mormorare che dovrà andare a piedi, perché gli mancano i soldi per la carrozza.

In realtà il giovane non è privo di mezzi, ma soltanto avaro. Con le guide, dice, non ha sempre avuto belle esperienze. Non nutre grande considerazione nei loro confronti. È giusto utilizzarle come portatori e apripista, ma per il resto sono solo grandi consumatori di carne e acquavite. Un paio di suoi connazionali inglesi lo avrebbero seguito come aiutanti sulla montagna meglio di quei contadini primitivi, cacciatori e pastori che nelle Alpi si fanno chiamare « guide ». Ai suoi occhi, quegli alpigiani mancano totalmente di nobiltà. Nei loro visi non vede altro che cattiveria, nei loro gesti superbia, nelle loro richieste avidità. E poi ancora invidia per i mezzi di cui dispone lui, odio per lo straniero e disonestà. Niente di buono, insomma.

Nonostante ciò, appena arriva al Breuil chiede del migliore accompagnatore per una salita al Cervino. Tutti sono concordi nel consigliargli un Carrel di Valtournenche: Jean-Antoine Carrel.

In una tetra e fumosa baita di Avouil, con finestre piccole e porte basse, incontra un uomo di mezz'età. Ha origini contadine, ma si vede che è una persona colta. Il suo viso, con quella barba, gli occhi penetranti e il naso adunco... possiede qualcosa di ripugnante e di attraente al tempo stesso.

« Siete voi Carrel? » chiede Whymper, deciso.

« Sì, sono Jean-Antoine. »

« Io sono Whymper e cerco una guida per scalare il Cervino. »

« Siete solo? »
« No, ho con me un inglese e una guida svizzera. »
« Il Cervino è molto difficile. »
« Lo so, è per questo che sono qui. Mi serve il migliore. »
« Piano, piano. Che escursioni avete fatto, finora? »
« Molte. E ho studiato il Cervino, l'anno scorso, andando da Zermatt al Breuil. »
Carrel lo ascolta. È pronto a seguirlo?
« Quanto? » gli domanda Whymper.
« Venti franchi al giorno, non importa dove arriviamo. »
Whymper accetta. Carrel però esige la presenza di un altro uomo, un suo amico. Per motivi di sicurezza. L'inglese, che non ama spendere, fa segno di no.
« Ce l'ho già, una guida. »
« Due guide per due ospiti sono poche. »
« No, bastano. Io arrampico in autonomia. »
« Insisto sul mio uomo », afferma Carrel.
« Perché? »
« La responsabilità è nostra. »
« Alla mia responsabilità ci penso io, quindi perché quell'uomo? »
« Perché serve! »
« È così difficile la via? »
« Lunga e molto difficile. Forse troppo, per un forestiero... coi pantaloni bianchi », aggiunge Carrel in un dialetto che teoricamente Whymper non dovrebbe capire.
« Perché troppo difficile per noi inglesi? »
« Non conoscete la montagna. »
« Mi serve solo un uomo di qui, per indicarmi la via. »
« Io però parto solo se c'è anche uno dei miei. »
« Che testardaggine! »
« Con una delle nostre guide, altrimenti non se ne fa niente. »
« Perché tanta gente? »
« Per tornare indietro, per esempio. »
« Io voglio conquistare la vetta! »

«Anche dalla vetta prima o poi bisogna tornare alle nostre vite.»

«Certo, ma più gente significa anche più rischio, più spesa, più tempo.»

«Sì, certo.»

«E allora perché il tuo secondo uomo? Tu sei guida, no?»

«Senza non si fa, impossibile.»

«Come fai a dirlo?»

«Il Cervino non è come il Monte Bianco o il Monte Rosa. Tutti i tentativi di scalare questa montagna... dal Breuil, da Zermatt... sono falliti!»

«E quindi?»

«Una mezza dozzina di tentativi, e niente di fatto!»

«Io però posso farcela!»

«Nella tomba, forse», lo mette in guardia Carrel.

«La tua è paura, allora. Per questo una seconda guida?»

Whymper è nel suo elemento. Vuole assolutamente riuscire a coinvolgere Carrel nel proprio piano, persuaderlo e al tempo stesso umiliarlo.

«Non solo», gli risponde Carrel, con molta calma.

«Cos'altro, dunque?»

«Come faccio, in caso di emergenza, a portarvi giù da molto in alto sulla montagna?»

«Scendo da solo, e senza dubbio arrampico con la stessa sicurezza di questi contadini.»

«A ogni modo, io non voglio la responsabilità di questa vostra alzata d'ingegno.» Jean-Antoine Carrel è irremovibile. Bussa con la mano destra alla parete di legno. Gli risponde una voce maschile, poi, dal buio della stanza, sbuca una sagoma imponente: è quella di un tipo tenebroso, massiccio, con la barba e le braccia lunghe che gli pendono lungo i fianchi. Whymper si spaventa, rifiuta con un gesto condiscendente e va alla porta. La trattativa viene interrotta.

5

Edward Whymper ha un bell'aspetto persino nella sua ostinazione. Con una tracolla appoggiata alla spalla destra e un cappellino alla moda in testa, riporta con convinzione i suoi pantaloni bianchi al Breuil. Lungo tutto il percorso, ha la visuale libera sul Cervino. Che cosa ci fa lui in quel posto triste, in mezzo a quel popolo di bifolchi? Se solo non ci fosse la montagna più incredibile che abbia mai visto... Gli sembra di essere un prigioniero sul punto di evadere: ghiacciai tutto attorno, pareti rocciose che strapiombano, cupe superfici boschive. Sopra, con la sua personalità dirompente, ecco l'ultima delle grandi vette alpine ancora inviolate. Lì sotto, però, vivono quei rozzi alpigiani dei quali lui ha bisogno e che lo ostacolano. Non è la presunzione a nutrire il suo orgoglio, è la montagna, la sua montagna. Whymper ne è convinto: la prima scalata sarà eccezionale quanto la vetta stessa. Ma il rifiuto di Carrel... Che sfacciataggine! In caso estremo affronterà il Cervino da solo.

«Quello che riescono a fare questi pastori lo so fare benissimo anch'io», ripete fra sé a mezza voce.

Chi lo incontra sullo stretto sentiero che porta al paesino si fa da parte o sparisce dentro una delle baite. Lo stanno forse scansando? Gli abiti dei locali sono disadorni, logori, spesso rammendati. I loro volti, altrettanto austeri. Espressioni serie, prive di sorrisi. Sembra che tutti, qui, vogliano evitare Whymper. Persino le basse case, costruzioni di legno buie e ammassate le une sulle altre, emanano un senso di rifiuto, di severità. Come se fossero state costruite contro la disperazione, come se dovessero proteggersi a vicenda dal freddo, dall'assalto dei temporali e del vento. La vita qui è dura e la gente soffre in silenzio. Paura e spaventi senza fine. Slavine fino in valle, animali ridotti alla fame, case crollate sotto il peso della neve. Le estati sono brevi, per gran parte dell'anno regna l'inverno. L'alpigiano se ne sta seduto paziente davanti alla stufa del soggiorno, dorme in camere umide e aspetta, aspetta, aspetta. Oppure prega che torni il sole. La primavera passa in fretta, il periodo del raccolto è faticoso e poi in autunno, con le prime nevi, cala sul paese una profonda rassegnazione. Anno dopo anno.

Ora Whymper riesce a vedere, tra le povere abitazioni, la chiesa e il suo campanile. Per gli abitanti della valle, le campane emettono sempre lo stesso, triste rintocco. Annunciano le nascite così come i decessi, gli incidenti così come i matrimoni. In questo luogo fuori dal mondo sembra quasi che anche la religione incuta timore, perché le immagini sulle pareti della chiesa non raccontano di speranza e amore, bensì di martirio e morte.

Whymper è estraneo a questa realtà, la trova riprovevole. Lui è un artista. Viene da Londra. Lui la gente di lì non la compatisce, la disprezza. E proprio per questo non riesce a rassegnarsi al fatto che Carrel gli abbia detto di no: forse non ha bisogno di quel denaro? Oppure crede che gli inglesi siano tutti ricchi nullafacenti o bellimbusti arroganti?

Al cospetto della lugubre povertà in cui vivono gli uomini di quelle montagne, lui si sente totalmente fuori posto. Tra quelle persone e la natura è in corso una mera lotta per la sopravvivenza, senza nessun senso del sublime, nessuno struggimento romantico, niente. Quale rapporto hanno con la loro montagna? Nessuno!

« Senza i miei soldi, questi crepano », impreca sottovoce quando raggiunge le prime case del Breuil. « Se è quello che vogliono! »

6

Carrel e la sua gente si accontentano di ciò che la terra può offrire a quelle altitudini. Non conoscono stravaganze. Rassegnati al proprio destino, si adeguano alla comunità della valle, non lasciano spazio a desideri esotici. La povertà, di cui nessuno qui ha bisogno di vergognarsi, genera una naturale eguaglianza, mentre il lavoro, che spetta a tutti ed è anche lo stesso per tutti, produce giustizia. Sono autosufficienti, i beni si barattano, il denaro è quasi sconosciuto. Solo la parsimonia fiorisce su questo terreno avaro. La sicurezza di una famiglia affonda le proprie radici in un pezzetto di terra, in una baita sotto a un cielo che – delimitato dai profili frastagliati delle creste montane – si estende sulla patria dove si è nati e dove si morirà.

È giunto in questo povero mondo, passando per una mulattiera, anche Horace-Bénédict de Saussure, lo studioso svizzero che aveva incentivato la prima scalata del Monte Bianco con una ricompensa in denaro. Non lo ha fatto in veste di conquistatore, ma di ricercatore. E questo per due volte. Cinque anni dopo la salita alla vetta della montagna più alta delle Alpi (era la terza scalata) si è dedicato a quella « più bella ». All'inizio i « Valtournains » non avevano idea di chi fosse, né sapevano niente della curiosità che lo muoveva. Poi, però, pastori e agricoltori, cacciatori e contrabbandieri si erano ritrovati a sperare che dopo quel generoso scienziato ne sarebbero arrivati altri, che il turismo avrebbe portato benessere. Soprattutto le donne e madri, che all'epoca custodivano il denaro, provvedevano al cibo, rammendavano i vestiti, lavavano i panni e crescevano i figli, auspicavano un'entrata extra; spesso infatti, se il raccolto era andato male, con le sole provviste era impossibile superare l'inverno.

Per il momento, tuttavia, resta tutto come al solito: il pane, fatto due volte l'anno con la farina di segale, deve bastare fino alla fine dei mesi invernali. Un pane che, come in una funzione religiosa che si protrae più giorni e più notti, viene preparato da ogni famiglia. Un pane con cui si deve tirare avanti sei mesi, e che agli anziani viene sminuzzato nel latte, per ammorbidirlo. Solo nelle giornate invernali dal tempo particolarmente bello gli uomini della valle salgono ai pascoli alti per recuperare la legna accatastata durante l'estate e il fieno immagazzinato nelle malghe. E tra un giro e l'altro, c'è l'attesa. A metà giugno molti valligiani salgono ai pascoli. Lo fanno con le proprie bestie, oppure in qualità di malgari e pastori sui pascoli comuni. A poco a poco, persone e animali si spingono sempre più in alto, di pascolo in pascolo. Quando un terreno è stato esaurito, si passa al successivo, e così via fino al pascolo più elevato. Su, fino a dove l'erba non cresce che a malapena e il suolo comincia a essere troppo ripido per gli animali, quindi troppo pericoloso. Su, fino alle morene ai piedi del Cervino. Molto spesso ci sono anche i bambini piccoli, che in queste zone diventano forti oppure si ammalano al punto di soccombere. A San Michele si scende, giù, dentro gli stretti confini della valle.

Ci si siede di nuovo davanti alla stufa, le finestre isolate con la paglia, una lampada a olio come fonte di luce, e ricominciano le storie. I padri le tramandano come gli anziani del paese le avevano raccontate a loro: narrazioni vecchie secoli di miti le cui origini si perdono nel tempo; tradizioni, che spesso mescolano aspetti dell'immaginario pagano e cristiano. Raccontano di anime del purgatorio che non trovano pace e, di notte, vagano sulle pendici dei monti; di gnomi che, alla luce della fredda luna invernale, escono dalle tane in cui nascondono dei tesori; di oro e di pietre preziose, che le rocce in cima alla Gran Becca fanno brillare agli ultimi raggi di sole. La credenza che nella montagna siano nascoste ricchezze accende la fantasia dei poveri montanari da tempo immemore. D'altronde i pastori che hanno raggiunto le quote più alte, hanno spesso trovato e portato a casa druse di cristalli. I geologi dilettanti avevano preceduto gli scalatori. In alcune aree delle Alpi sono state rinvenute tracce di attività minerarie vecchie di secoli. Ma in alto, molto in alto, dove la Becca si staglia nell'immensità, spesso si formano temporali e nuvole nere che salgono come fumo dall'inferno. Agli alpigiani è capitato di vedere strane figure che salivano nella nebbia e molti di loro non hanno dubbi: lassù ci può abitare soltanto il diavolo. È lui che scaglia massi giù fino in valle, che stacca le valanghe, che scocca i lampi. Da sempre, dunque, attorno alle cime del Cervino gli abitanti sospettano la presenza di un regno infernale.

Nella malga più alta, all'alpe d'Eura ai piedi della Becca, i malgari (gli ultimi a quella quota) raccontano la storia di san Teodulo: nel IV secolo dopo Cristo, questo vescovo di Sion nel Vallese giunse in Valtournenche dall'altro versante della montagna, passando per il colle che da allora porta il suo nome. Non lo fece con l'intento di compiere miracoli, ma per fare visita agli eremiti Evanzio e Giovenale. Al Breuil, tuttavia, incontrò un bambino che era stato morso da un serpente velenoso, e nessuno sapeva cosa fare. Il vescovo mormorò una preghiera e il bambino guarì.

In seguito, passando per quel colle, continuò ad arrivare regolarmente gente dal Vallese, la fertile valle del Nord: per commerciare, barattare animali, far visita ai parenti o come pellegrini diretti ad Aosta. Quel passo, allora chiamato anche Col du Mont Cervin o Mont Cervin, era più importante del Cervino stesso. La montagna serviva, al massimo, come riferimento per orientarsi. In origine, il nome Mont Cervin, così come anche il nome tedesco di Matterberg o Mattenberg, si riferiva al colle di Teodulo, anzi all'intera aerea a sud del Cervino. Prima che alla montagna venissero assegnati gli appellativi moderni di Cervino o Matterhorn, ogni comunità locale la chiamava con un nome diverso, in base alla forma che vedeva dalla sua posizione. La leggenda vuole che più volte i pellegrini di una processione partita in Valtournenche siano andati fino in Svizzera. Dal Breuil, attraversando il colle, fino alla cappella sullo Schwarzsee e poi avanti fino a Sitten. La fede era molto più forte della curiosità, e la montagna restava tabù.

Tra il 1746 e il 1861, la famiglia Gorret sfornò sei sacerdoti. Amé Gorret, presente al primo tentativo di scalata del Cervino, era stato avviato ancora bambino alla professione spirituale dai suoi genitori. Costoro affidarono il figlio alla custodia del vicario e, sotto la sua sorveglianza, Amé poté proseguire gli studi nella canonica del severo arciprete di Aosta nonché arrampicare, di tanto in tanto. Non soltanto perché ad Aosta Gorret veniva educato come guida spirituale di montagna, ma soprattutto perché lì le montagne sono esse stesse una prova dell'esistenza di Dio.

Nonostante l'illuminismo francese, in Valle d'Aosta è sopravvissuto uno spirito tradizionalista. Per i valdostani è importante preservare la lingua dei padri, e con essa le loro usanze, comprese le festività ecclesiastiche. In questo, restano dei patrioti italiani. Il loro orgoglio è paragonabile alla consapevolezza di una popolazione insulare: sempre attenta a difendere con gelosia l'insostituibilità del proprio essere. Nei primi decenni del XIX secolo, nella valle a sud del Cervino non ci sono né guide né locande. La casa in cui i viandanti trovano alloggio è la canonica, la «cure». Forse perché il parroco di Valtournenche è strettamente legato al clero valdostano.

Soltanto quando arrivano nella valle i primi stranieri – svizzeri, francesi, molti inglesi, uomini tra i più evoluti e ricchi della società urbana – gli orizzonti si ampliano. Si tratta di turisti che passano dalle fiorenti città industriali alle modeste condizioni di vita dei montanari, gente che vive in una sorta di ingenuità e sobrietà ancora medievali. Uno shock da entrambe le parti! Lasciato l'ordine scrupoloso della loro nordica patria, i viaggiatori raggiungono una montagna dove non esistono né strade né protezioni. Di igiene e pulizia nessuna traccia. Edward Whymper, che il 28 agosto del 1860 si trovava per la prima volta in viaggio da Bionaz in Valpelline al Breuil, scuote il capo di fronte a tanta arretratezza. Non riesce a capacitarsene, insulta i locali chiamandoli «*crétins*» e trova che la loro valle sia semplicemente assurda. Nonostante ciò, un anno dopo è di nuovo lì.

7

«Questa smodatezza, tutta questa arroganza», si arrabbia Jean-Antoine Carrel quando Favre, il locandiere dell'Hotel Monte Rosa, gli mostra la scritta sul libro degli ospiti: *Edward Whymper en route for the Matterhorn*, c'è scritto. La locanda, da poco inaugurata, è un alloggio modesto; la calligrafia nitida di Whymper, facile da leggere, riporta la data del 27 agosto 1861.

«Forse è semplicemente troppo giovane per il Cervino», dice Favre per difendere il suo ospite.

«Troppo giovane, troppa puzza sotto al naso... Quello è un dandy, non uno scalatore.»

«Ha un'ossessione per quella montagna.»

«Ma non la conosce per niente.»

«Eppure vuole tentare la scalata.»

«E se poi va male, devo tirarlo giù io.»

«Non andrà lontano.»

«Non importa, un recupero lassù è impossibile.»

«Troverà l'attacco della parete?» si chiede Favre.

«Certo.»

«Solo tu, Jean-Antoine, sai dove salire per arrivare in cima.»

«Quei malgari superstiziosi là sopra temono la montagna come il diavolo, ma gli indicheranno sicuramente l'attacco.»

«Per quale motivo?»

«Perché lui li adescherà, grazie ai soldi o facendo leva sul loro orgoglio.»

«Secondo te credono che sia la vetta più alta delle Alpi, se non addirittura del mondo?»

«I nostri valligiani non sanno niente. Niente della montagna e niente del mondo», dice Carrel.

«Però questo Whymper sa benissimo che lassù non esiste

alcun mondo in rovina, che non esistono né streghe né fantasmi.»

«Ma nessun uomo di città arriverà mai fin lassù, se non apriamo noi una via. Temporali, slavine, rischio di perdersi. Ghiaccio e neve. Ci sono pareti verticali, dieci volte più alte del campanile della nostra chiesa.»

«Spaventa anche te?»

«Spaventa tutti.»

«Ma questo Whymper vuole salire a tutti i costi.»

«Pare di sì, non ha alcun timore.»

«Jean-Antoine, non avevi parlato di una recinzione invisibile che nessun forestiero può oltrepassare?»

«A quanto pare per lui non è un ostacolo.»

«Oltre inizia il caos?»

«Sì. E la responsabilità assoluta.»

La sera, Favre riferisce questa conversazione al suo ospite. «Carrel ha costruito una recinzione attorno al Cervino.»

«Quanto è alta?»

«Non so.»

«Per chi?»

«Per i forestieri.»

«Quindi più su di quella non si va?» chiede Whymper.

«Non senza la sua benedizione.»

«Ridicolo.»

«Così vuole anche la Chiesa.»

Whymper non può che ridere di tante assurdità.

Il mattino dopo la gente del posto indica torri e mura visibili lassù, quasi in cima alla montagna. A occhio nudo!

«Dimora del diavolo, non degli dei!» ammoniscono.

«Pregiudizi», commenta Whymper.

Dato che i contadini non capiscono il suo francese, restano a fissarlo a bocca aperta. «*Crétins*», pensa lui.

«*Cinglé*», si sussurrano a vicenda loro. Il diavolo in persona gli tirerà contro i sassi! Si dice che già due volte i fratelli Parker abbiano tentato l'impresa, partendo da Zermatt, e che due volte abbiano fallito. Nessuno ne è sorpreso. Il loro versante della montagna, quello che si vede dal Breuil, è fatto di torri, spezzato dai crepacci, attraversato da ripide cenge, quasi sempre coperto da chiazze innevate. Le creste sono lacerate dal ghiaccio, le gole erose dalla neve sciolta, la vetta è come la testa di un'aquila vista da dietro. La «Becca» ricorda davvero un becco soltanto se vista dall'altro versante. E poi dalla montagna proviene un rumore continuo: massi che si staccano, vento che soffia contro le creste, slavine, cascate. Come se quel corpo roccioso vivesse di vita propria. Sì, questo rilievo immane è in continuo mutamento.

Una persona, tuttavia, è in grado di leggere la sua superficie: questa persona si chiama Jean-Antoine Carrel. Non ne parla, però ha individuato una via di salita. Dal suo versante, in quel labirinto di rocce che si erge sopra al Breuil come una sfinge. Gli inglesi, dall'altra parte, non hanno forse fallito? Proprio ai piedi della montagna?

Osservata dal versante nord-est, da Zermatt, la montagna sembra sottile. Lì, a volte, si ha quasi l'impressione che il Cervino fluttui sopra il resto della catena montuosa, che le sue creste e le pareti siano ancora più ripide e più immense. Bisogna piegare la testa completamente all'indietro per poterne individuare la cima. Chi invece sale in Valtournenche verso il Breuil si abitua gradualmente alla vista di una montagna che affonda le sue radici in un'alta vallata piuttosto ampia. Da qui, da sud-ovest, il Cervino poggia su un ampio basamento, inamovibile, costituito da piramidi cuneiformi sovrapposte l'una all'altra. Da questa prospettiva dal basso, la montagna sembra effettivamente scalabile.

Whymper è al corrente dei tentativi di scalata dal Breuil. Per quale motivo la strada da questo versante pieno di crepacci dovrebbe essere più facile, tuttavia, non lo capisce. Ed è soltanto perché le guide di Zermatt si sono rifiutate di scalare la montagna dal loro versante che lui è tornato una seconda volta in Valtournenche. In gran segreto riceve notizie di vari gruppi di cacciatori che vorrebbero salire. Fino a dove sono arrivati? Fino a un punto che lui, dalla valle, stima trovarsi a 3850 metri sul livello del mare.

Altre notizie i pastori non ne danno, se non che anche il professor Tyndall ha fallito. Non è la gioia perversa per la sconfitta altrui che lo motiva, è il compiacimento di vivere nel momento giusto.

Whymper sa che il primo inglese ad aver visto il Cervino dal Breuil con gli occhi di un conquistatore è stato Vaughan Hawkins. Nel 1859! La sua guida Johann Joseph Bennen si era convinta che la cresta sud-ovest potesse condurre alla vetta. Un anno dopo, Bennen ingaggiò come portatore Jean-Jacques Carrel, presente durante il primo tentativo. Questo Carrel più anziano è dunque partito con Hawkins, col professor Tyndall e con la guida Bennen; volevano raggiungere almeno la gola tra la cima principale e quella secondaria. Già nell'agosto del 1860 salirono la famosa via meridionale sul Colle del Leone. Sulla cresta sud-occidentale del Cervino superarono il primo tratto, ma presto dovettero fermarsi. Tyndall spingeva per proseguire, ma Hawkins rinunciò, e Carrel rimase con lui. Qualcuno doveva badare allo straniero. Quando anche Tyndall e Bennen non riuscirono più a continuare, tornarono indietro pure loro. Il tempo stava per scadere, dovevano scendere prima che facesse notte.

Qualcuno in precedenza è giunto più in alto? A questa domanda del giovane inglese, Jean-Jacques Carrel non fornisce alcuna risposta.

Per Whymper è arrivato il momento di affrontare la sua montagna, se non vuole arrivare troppo tardi. Il professor Tyndall è tornato, ma senza tentare nulla, sente dire. Ecco qual è quindi il suo piano: pernottare sulla montagna il più in alto possibile, così da poter conquistare la vetta al secondo giorno di arrampicata. Dopo che Carrel gli ha detto di no, cerca di trovare un'altra guida, ma invano. Matthias Zum Taugwald e altre guide vallesi che si trovano nella valle non vogliono saperne nulla del Cervino. C'è solo una persona che Whymper non ha ancora interpellato: è Peter Taugwalder, vigorosa guida di Zermatt, un uomo nel fiore degli anni.

« Duecento franchi al giorno, che si arrivi in vetta oppure no », è la richiesta di Taugwalder.

«Così tanto!» Whymper rimane scioccato. Non è per antipatia nei suoi confronti, pensa, ma per paura del Cervino se le guide chiedono un compenso tanto alto, anzi assurdo.

«Per ogni tentativo?» s'informa.

«Stessa somma, sì.»

«Ma è dieci volte quello che ha chiesto Carrel.»

«Non ha forse rifiutato?»

«Non per la cifra.»

La somma a disposizione di Whymper è esigua. Sì, Carrel avrebbe intascato soltanto un decimo di quanto richiesto da Taugwalder, però non aveva voluto assumersi da solo tutta la responsabilità.

«Le guide che vengono soltanto per i soldi si tirano indietro alla prima occasione», si consola Whymper, interrompendo quindi la trattativa. Dentro di sé ne è certo: l'unica persona che sa dove e come risolvere l'enigma di quella montagna è Jean-Antoine Carrel.

8

Il giorno dopo, Whymper e la sua guida di Chamonix si mettono in cammino. Dormono nell'ultima stalla, dove i pastori fanno di tutto per rendere il soggiorno dell'inglese il più confortevole possibile. Tutti, stranieri e contadini, sono seduti attorno al grosso paiolo di rame sul fuoco quando – ormai è notte – giungono Jean-Antoine e Jean-Jacques Carrel.

A-ah, pensa Whymper. Questo Jean-Antoine Carrel si è pentito di aver rifiutato la mia offerta.

«Assolutamente no», dice il diretto interessato, come se gli avesse letto nel pensiero. «Vi sbagliate.»

«Ma allora perché venire qui?»

«Perché domani saliamo anche noi.»

«Dunque è possibile farlo in due soltanto.»

«Per noi, sì.»

«E per noi inglesi no.»

«È così», gli risponde Carrel.

«Devo intendere che non vi fidate delle mie capacità?» chiede Whymper.

«Noi sappiamo soltanto quanto è grande e pericolosa questa montagna.»

In cuor suo, Whymper ammira Carrel per questi giudizi, per la scaltrezza e soprattutto per il suo orgoglio. Avrebbe voglia di ingaggiarli tutti e due, persino adesso. Sa che il secondo uomo è Jean-Jacques Carrel, che ha già accompagnato Vaughan Hawkins ed è parente di Jean-Antoine. Non un montanaro qualunque: è stato un soldato, un bersagliere appartenente a un corpo d'élite, un soldato che aveva ricevuto varie onorificenze. Ed è anche l'unico a credere, come lui, nella possibilità di scalare il Cervino. *Un uomo senza eguali, l'alpinista più sicuro della sua epoca, l'unico che non si arrende mai; un uomo convinto che la sua grande montagna possa essere scalata, e questo dal versante della sua valle natia*, scrive Whymper nel diario di viaggio.

Prima che spunti la luce del giorno, i due Carrel sgattaiolano fuori dal pagliericcio, bevono un po' di latte e salutano i malgari. Spariscono, senza far rumore, nel buio della notte. Whymper li seguirà più tardi, si avvia attorno alle sette del mattino. Cammina con calma dietro alla sua guida francese oltrepassando i pendii verso il ghiacciaio del Leone e poi, sul suo margine destro, ancora più su. Avanzano su neve vecchia, dura. Passando per gradini rocciosi (la cosiddetta «grande scalinata») che anni prima Carrel ha individuato come via migliore per la montagna, raggiungono il Colle del Leone, dove si trascorrerà la notte.

Dalla gola di Tiefmatten si levano fitte nebbie. Fluttuano sempre più in alto, sembrano rimanere attaccate alla montagna e presto risparmiano soltanto un paio di zone: sopra, un territorio selvaggio in verticale; sotto, uno sprazzo tra la roccia e la piana del ghiacciaio. Per il resto non si vede nulla. È come se il mondo stesse bollendo dentro un enorme paiolo sotto di loro. Tutto è cupo, misterioso e allo stesso tempo minaccioso. Whymper non vuole ammetterlo, ma questa vista su una voragine sommersa di nebbia mette paura anche a lui. Lancia un sasso verso il ghiacciaio di Tiefmatten, e lo sente battere soltanto dopo dodici secondi. Inizia a essere tormentato dalla visione di forze malvagie alle quali viene consegnato. Su, oltre il Colle, in mezzo alla nebbia compaiono all'improvviso delle facce. Whymper rabbrividisce, anche perché il vuoto sotto di lui evoca un senso di caduta. Allo stesso tempo, si vergogna delle sue paure. Davvero sulla sella non può succedergli niente? Non incombe pericolo da tutte le parti? Massi in caduta dalle nebbie: dalla Testa del Leone, dal Cervino? Dove sono le rocce a strapiombo che potrebbero fornire protezione al suo bivacco?

Whymper si riscalda al sole che di tanto in tanto fa breccia tra la foschia e intanto tende l'orecchio verso i Carrel, che sente

rumoreggiare sopra di sé. Non riesce a vederli. Sono da qualche parte sulla cresta oppure già diretti verso la cima?

A mezzogiorno, lui e la sua guida scendono alla stalla, prendono la tenda e il resto dell'equipaggiamento, poi si affrettano a risalire al Colle. Nonostante il peso dell'attrezzatura, raggiungono il bivacco prima delle sei di sera.

La tenda di Whymper, di lino leggero, si dispiega come un libro: aperta sotto, ha il lato posteriore a forma di triangolo chiuso, mentre il lato anteriore che fa da ingresso è provvisto di alette d'apertura. Sorretta da quattro bastoni da montagna, con pareti di lino lunghe abbastanza da poter essere ripiegate in basso verso l'interno e fissate con delle pietre, questa tenda sta in piedi praticamente da sola. Varie corde legate ad altre pietre e una fune che corre sotto il colmo della tenda e passa attraverso gli anelli avvitati in cima ai bastoni le forniscono stabilità anche contro il forte vento.

La prima tempesta, tuttavia, basta per buttarla giù. Evidentemente questa tenda non è fatta per l'alta montagna: quando i bastoni cedono, i teli si chiudono. Whymper però non si arrende, devono farcela anche senza tenda. Si siedono sopra all'equipaggiamento – il vento non deve portarsi via nulla! – e aspettano. Al sopraggiungere della notte, si avvolgono nel lino della tenda, cercando di mettersi più comodi possibile. Quando la tempesta si placa, sopraggiunge un silenzio maestoso: i Carrel non si sentono più. Sono tornati indietro? Oppure sono già troppo distanti per poter essere uditi? È come se anche tutte le altre entità presenti in quel luogo si fossero volatilizzate: non cadono massi, non tira vento, la neve è ghiacciata. Fa un freddo cane, anche l'acqua dentro la borraccia è diventata ghiaccio. Non riescono a dormire. Aspettano. Che sete... Verso mezzanotte, all'improvviso, un fragore tremendo: « Attenzione, sassi! » Da qualche parte, frammenti di pietra fischiano accanto a loro. Sembrano proiettili! Si sentono le pareti che crepitano e si frantumano. Rimbalzando da una roccia all'altra, un paio di massi li sfiorano da vicino. Sembra la fine del mondo. E la sentono soltanto, perché non

vedono niente. Poi, di nuovo un silenzio tombale. E puzza di zolfo. Whymper ha il cuore che batte all'impazzata. Ora se ne rende conto: chi si ritrova, inerme, in balia della natura, cade inevitabilmente in preda al panico.

Spunta una giornata tersa: l'aria verso sud scintilla. Mentre è ancora buio, Whymper e la sua guida iniziano a risalire la cresta sud-ovest. Ogni appiglio dev'essere sicuro, ogni passo ora è una vera arrampicata. A ogni metro d'altitudine guadagnato, cresce anche l'abisso sotto di loro, circondati come sono da un oceano di montagne dominato dalle tre maggiori: Grivola, Gran Paradiso e Dent d'Hérens. Tutte e tre visibili in un colpo solo! Persino il Monviso, benché distante centocinquanta chilometri, è riconoscibile nei suoi contorni. Col passare del tempo, i raggi solari cambiano angolazione, diventando più verticali, e anche le forme delle montagne si trasformano: i contorni delicati che tratteggiano un crepaccio nascosto spariscono; le folate di neve sul ghiacciaio brillano per un istante; sulle rocce cupe compaiono all'improvviso degli appigli. In alto, l'immensità di un cielo sgombro.

Un'ora dopo i due vedono sopra di sé un primo punto chiave, il «camino». Passando prima sopra dei detriti, poi su una cengia illuminata che percorrono a zig zag e infine su roccia senza appigli, raggiungono questo primo risalto chiamato Cheminée: un diedro liscio e dritto, due pareti di roccia che formano un angolo molto aperto.

La guida vaglia le possibilità per proseguire. Gambe divaricate, dita incastrate nella fessura centrale: sì, ce la si può fare. La guida, però, è alta e non ci riesce, e allora fa un tentativo Whymper. La sua arrampicata va a buon fine, ma non è in grado di issare anche il suo accompagnatore, goffo e troppo pesante. Ora l'inglese si trova su una piattaforma e vede sopra di sé rocce grigie con delle venature brunastre. A destra si potrebbe salire bene sfruttando dei gradini, la via da percorrere è chiara. Se solo la sua guida riuscisse a seguirlo!

«Avanti», gli grida, dandogli mentalmente del codardo.

«Preferisco di no.»

«Su, ti aiuto con la corda», lo prega.

«Ma perché?»

«Perché io voglio andare più su.»

«Io no, non c'è speranza.»

«Codardo», gli dice ora l'inglese ad alta voce.

«Voi non avete paura?»

«No!»

«Smargiasso», gli risponde la guida.

«Codardo», ripete Whymper.

«E allora continuate da solo, se non avete paura.»

«Certo che continuo. Tu te ne puoi andare, sparisci!»

«Bene, scenderò da solo.»

«Sì, torna al Breuil», gli grida Whymper. «Racconta che hai lasciato il tuo Monsieur solo sulla montagna.»

«E allora?»

«La gente non ti capirà.»

Whymper sa che da queste parti il senso di responsabilità è legato all'onore di restare accanto allo straniero. Fino all'ultimo.

Vedendo che la guida si appresta a scendere, Whymper si dà per vinto. Chiede al suo accompagnatore di tornare indietro e di aspettarlo. Da solo, non vuole proseguire troppo. Però la giornata è appena iniziata: niente vento, niente acciacchi, niente ostacoli in vista. La strada verso la vetta sembra a portata di mano.

Ma cosa può ottenere lui, solo, dal Cervino? Non è Jean-Antoine Carrel. Alla fine rinuncia e si cala con una corda fissata a una zanca di ferro su un gradino di roccia.

Assicurato dalla guida, scende ulteriormente fino al Colle. Insieme i due tornano al Breuil, che raggiungono a mezzogiorno circa.

Dei Carrel non si vede né si sente più nulla: nessuna notizia, nessuna voce. Nessuno, nella valle, sa dove siano né dove fossero prima. Hanno raggiunto un'altitudine maggiore? Quanto si sono avvicinati alla vetta, stavolta? Più tardi Whymper viene a sapere che uno dei due, arrampicando, forse si è tolto le scarpe per legarsele attorno al corpo. Quindi a piedi nudi è più facile superare i passaggi più difficili? Poco dopo, tuttavia, ha perso una scarpa, e si è legato attorno al piede nudo un pezzo di corda, per scendere così dal Couloir du Lion. A volte scivolando sulla neve. Fino a valle. Di un nuovo record sulla Becca non si sa nulla: nessuna indicazione altimetrica, nessun indizio, solo le voci di un'ascensione a piedi nudi. Whymper ha sete d'informazioni, gli servono consigli per provare di nuovo.

Dopo quest'unico tentativo, il Cervino è cresciuto nella sua immaginazione. Quando nel 1861 lascia il Breuil, ha compreso il motivo per cui Carrel aveva insistito per una seconda guida. Con una guida sola un turista, su quella montagna, non va molto lontano, per lo meno non senza rischiare la vita. La prossima volta porterà almeno due guide. Perché gli diano sicurezza e sostegno, e comunque solo con Carrel è possibile l'ascensione. Whymper sa che quello non è soltanto un uomo orgoglioso, è

soprattutto uno stratega capace di qualsiasi cosa. Può tornargli utile in qualsiasi momento, perciò deve farselo alleato, oppure temerlo come rivale. L'una o l'altra delle due. Ai suoi occhi di inglese, Carrel è uno straniero, ma è anche un geniale selvaggio che non pensa come un montanaro: ha la sensibilità di un cacciatore e agisce come un cittadino.

Nel viaggio verso casa, passando il Colle del Teodulo in direzione Zermatt, prende una decisione: assediare il Cervino finché non lo avrà «sconfitto». Il suo motto diventa *O io o la montagna.* Ed è così, in questo stato di euforia e convintissimo che si possa salire il Cervino, che Whymper torna a Londra.

Carrel ha stima della tenacia e delle capacità tecniche di quel ragazzo. Lo ha osservato in silenzio, lo ha studiato mentre arrampicava. Sa anche, però, che la sua ambizione si basa soltanto sulla consapevolezza del proprio valore, perché in realtà la montagna la conosce a malapena. Lui, invece, la conosce meglio di chiunque altro. Ecco il motivo del suo orgoglio.

«Forse, assieme all'inglese avrei una possibilità», rivela agli amici. «Però voglio salire soltanto alle mie condizioni.»

Certo, la tenacia di Whymper è ammirevole, però gli manca una visione d'insieme! Per non parlare poi dell'umiltà! A quelle doti sostituisce ingenuità e superbia. Coi suoi gesti e tutte quelle arie si comporta come un dandy fatto e finito. Lui vuole avere ben chiaro in mente l'obiettivo, e spiega le proprie azioni rimandando a ideali stabiliti a priori, in questo è molto diverso dalla gente di montagna. «Chiacchiera troppo», dice Jean-Jacques Carrel, che in autunno è tornato in valle.

«Sì, è un gradasso», gli risponde Jean-Antoine.

«Gli manca il rispetto nei confronti della montagna.»

«E anche l'esperienza.»

«Non tiene mai chiuso il becco.»

«Non assomiglia un po' al Cervino? Sfacciato, altezzoso, sprezzante.»

«Con quei suoi pantaloni bianchi e quella tenda che si porta dappertutto, per non parlare del cappellino...»

«La "Gran Becca". Si addice tanto alla montagna quanto a lui!»

Ridono entrambi. In seguito soprannomineranno lo stesso Whymper «la gran becca». Ma soltanto tra di loro.

9

Nel gennaio del 1862 tenta l'ascensione del Cervino il temerario scalatore Thomas Stuart Kennedy, inglese di Leeds. Partendo da Zermatt, e in pieno inverno! Un piano insolito, un'idea perversa: che a gennaio la vetta possa essere raggiunta più facilmente che a luglio? Kennedy fa una prova. Si mette in cammino nella valle con le guide Peter Perren e Peter Taugwalder, nonostante l'abbondante neve. I tre pernottano nella minuscola cappella sullo Schwarzsee, la mattina seguono la via dei fratelli Parker e risalgono la cresta tra la parete nord e quella est della montagna. Vento e ghiaccio, tuttavia, costringono ben presto alla ritirata. In silenzio costruiscono una piramide di sassi alta un metro e ottanta dentro cui infilano una bottiglia: al suo interno hanno messo un biglietto con la data di quel giorno e i loro nomi. Scendono a Zermatt il più in fretta possibile, tornano alle loro vite. «La tempesta sollevava vortici di neve, ci lanciava in faccia pezzi di ghiaccio come chiodi e staccava dal ghiacciaio lastre di trenta centimetri di diametro. Nessuno di noi voleva arrendersi, ma quando una potente raffica di vento ci ha costretti a cercare riparo dietro una roccia è iniziato il tracollo. Tutti si sono detti d'accordo ad abbandonare l'impresa», racconta Kennedy una volta giunto a Zermatt.

Nell'estate del 1862, John Tyndall, uno degli alpinisti di maggior successo della sua epoca, vuole tentare un secondo assalto al Cervino. Questo professore che proviene dalla contea di Carlow e ha vent'anni più di Whymper è uno scienziato eccezionale, ed è la sua curiosità a spingerlo nelle Alpi, estate dopo estate. Ha collaborato con Faraday, scritto sedici libri e tenuto una serie infinita di conferenze. Come il Tyndall noto ricercatore spiega perché il cielo è azzurro, così il Tyndall affermato pioniere

della montagna vuole dimostrare che sul Cervino c'è una via che conduce alla vetta. Nell'agosto del 1861 aveva lasciato il Breuil senza fare un secondo tentativo, ma questa volta è deciso a spingersi fino al limite.

Johann Bennen, che come gli è stato chiesto ha studiato la montagna in ogni suo aspetto, è scettico.

«Impossibile!» è la sua sincera opinione.

«E perché?» gli chiede suo fratello Joseph.

«Molto più difficile e pericoloso del previsto.»

«E se attrezziamo la via di salita?»

«Ci sono punti completamente verticali e quasi nessuno dove passare la notte.»

«Nemmeno sul Colle del Leone?»

«Sul Colle si potrebbe dormire, sì. Sulla neve. Finiremmo mezzi assiderati e il giorno dopo non saremmo in grado di proseguire.»

«Anche più su, nessun rifugio?»

«Sulla cresta del Leone non ci sono appigli né cenge né crepacci abbastanza larghi.»

«E una salita senza bivaccare?»

«Impossibile! Se si parte dal Breuil è impensabile arrivare in vetta e tornare giù in giornata.» Bennen non vuole fare altri tentativi, e il suo racconto suscita in Tyndall molti dubbi. E poi c'è anche la rivalità tra guide di Zermatt e guide di Valtournenche, situazione che il professore trova imbarazzante. Così annota: *Gli svizzeri hanno maggiore esperienza con noi nobili inglesi rispetto alle guide piuttosto rozze della valle sull'altro versante del Cervino.*

Tyndall ricorda ancora bene come, al suo primo tentativo nel 1860, la sua guida Bennen offendesse costantemente il portatore ingaggiato al Breuil, Jean-Jacques Carrel: «Qui vado avanti solo io!» oppure «Silenzio!». L'umore generale era tetro. «Quello non sa niente di niente», lo aveva accusato. Tyndall ha imparato che gli uomini di un versante non concedono a quelli dell'altro né il successo alpinistico né i compensi da guida. E lui è ancora inorridito, anzi disgustato da un simile comportamento.

10

Nei primi giorni di luglio del 1862 gli inglesi Edward Whymper e Reginald Macdonald si incontrano a Zermatt con le guide Johann Zum Taugwald e Johann Kronig. Il tempo burrascoso, tuttavia, rende impossibile arrivare fino al Breuil, dall'altra parte della montagna. Nelle valli cade la pioggia, sui monti la neve.

Il 5 luglio la compagnia riesce finalmente ad attraversare il Colle del Teodulo. Non sono ancora arrivati al punto più alto, che l'aria inizia a frusciare; una sgradevole elettricità attira capelli e vestiti. Sopra le loro teste scorrono nuvole di pioggia dense e nere. Per il resto, regna il silenzio. Ma la tensione nell'aria rimane, anche quella tra roccia e nubi. È come se l'intera atmosfera fosse permeata da una forza sconosciuta, come se qualcosa li stesse attirando a sé. Nel timore di trasformarsi in parafulmini umani, i quattro superano in fretta e furia il passo e sono felici di trovarsi sul versante italiano, finalmente fuori pericolo. Si rifugiano nella locanda del Breuil: lo scrosciare della pioggia nelle orecchie, la sensazione di elettricità ancora sulla pelle.

Whymper cerca un portatore e, su consiglio del suo locandiere, si reca nelle malghe del paese, dove vive un certo Luc Meynet. Dentro una baracca fatiscente trova un rudimentale caseificio e un paio di bambini dagli occhi chiari. Gli dicono che lo zio torna subito. Quando poco dopo, vicino a un vistoso abete sotto al Breuil compare una macchia scura, i piccoli battono le mani e corrono incontro allo zio e al suo mulo urlando di gioia. La sagoma ricurva li solleva e li infila nelle ceste che l'animale trasporta sui fianchi. Luc Meynet, il «Gobbo del Breuil», come lo chiamano nella valle, compare davanti al nobile signor Whymper cantando: il suo difetto fisico non lo turba ed è una persona solare, incurante del fatto di vivere nella miseria.

« Prego, signore? » chiede all'inglese.

« Vorrei ingaggiarti come portatore. »

« Per dove? »

« Cervino. »

« Devo occuparmi dei figli di mio fratello », dichiara subito Luc. La sua voce sembra essersi arrochita.

« Capisco. »

« E poi del formaggio. »

Eppure accetta: porterà la nuova tenda di Whymper su per un tratto della montagna. Arrotolato, questo modello sembra un carico di legname; un metro e ottanta di lunghezza, dieci chili buoni di peso. Può ospitare quattro persone, ha una base di uno e ottanta per uno e ottanta. Con le sue pareti laterali, anch'esse della stessa misura, forma in sezione un triangolo equilatero. Quattro stanghe di frassino lunghe due metri e spesse tre centimetri, munite di punte di ferro, sorreggono i teli di stoffa. La corda che durante la salita serve da assicurazione verrà messa

W.H. Overend

sulle stanghe incrociate, portata lungo il colmo della tenda e fissata nel terreno alle due estremità davanti e dietro con dei massi. Due uomini possono srotolare e montare questo tipo di alloggio in appena tre minuti, anche in caso di maltempo.

Whymper è orgoglioso della sua tenda, c'è dentro tutta la sua esperienza. D'accordo, non è del tutto impermeabile, però offre protezione a sufficienza contro vento, grandine e neve. Anche sir Leopold McClintock ha utilizzato un modello simile nell'Artide, resistendo alle peggiori tempeste.

Il 7 luglio, un mattino senza nubi, Whymper parte assieme alla sua carovana. Segue la via dell'anno precedente. Nessuno degli accompagnatori che ha con sé conosce il Cervino, perciò è lui il primo di cordata. Le guide si ribellano solo quando sbaglia direzione. Tentando di riportarsi sulla via giusta, Kronig perde la presa, grida e scivola verso l'abisso. Con una velocità che sconvolge tutti. Ricurvo e bianco come un cadavere, tutto dolorante, riesce a tornare dai compagni. Rimane seduto un'ora senza parlare.

La giornata sembra persa. Whymper avanza. Le rocce che sovrastano il Colle del Leone sono ripide e coperte di ghiaccio o di neve, perciò l'inglese allestisce il campo sul Colle stesso: questa volta la tenda non posa sulla neve, bensì sui detriti, che il gruppo raccoglie dalle rocce vicine. Sassi piatti, terriccio e ghiaia formano uno strato isolante tra il ghiaccio e il pavimento della tenda.

Il «Gobbo del Breuil» si rivela una gradevole compagnia, sorbisce il fondo del caffè e in tenda dorme vicino all'ingresso. È dotato di senso dell'umorismo, sbriga ogni genere di lavoro, riordina persino l'accampamento senza mai lamentarsi. In quest'uomo fuori dal comune Whymper vede un bravo arrampicatore e un accompagnatore ideale.

La notte sopraggiunge un forte vento da est, che al mattino si trasforma in uragano. Gli uomini si mettono al riparo in una conca e si accampano. Questa volta, però, la tenda regge. Fino al levar del sole aspettano dentro al loro rifugio e meditano sul da farsi. Ripartono appena la tempesta concede una tregua, ma

subito dopo aver superato un primo risalto roccioso, trenta metri soltanto, il vento ricomincia a soffiare più violento di prima. Dalle cenge si staccano massi grossi come pugni; orizzontalmente volano pezzi di ghiaccio. Fa un freddo cane, il vento è così forte che non è possibile stare in piedi. Gli uomini si rannicchiano dietro una sporgenza rocciosa, attendono, e al primo calar del vento si arrischiano a tornare dentro la tenda.

Il coraggio di Whymper si è spezzato, le guide Taugwald e Kronig ne hanno abbastanza del Cervino. Anche Meynet vuole scendere: deve occuparsi della casa e del formaggio. Nella locanda del Breuil, Whymper incontra Jean-Antoine Carrel, che è venuto a conoscenza di quell'ultimo tentativo e vuole sapere dall'inglese a che quota è arrivato. Lui però non gli risponde. Mortificato, si ritira in camera propria lasciando sole le guide e Meynet.

«Fin dove?» chiede allora Carrel al Gobbo.

«Non molto in alto», gli risponde Meynet.

«Per colpa della tempesta?»

«Sì, il vento.»

«E la tenda? Ha tenuto?»

«Sì, l'abbiamo lasciata sul Colle.»

«E Whymper?»

«Nessun problema.»

A quel punto l'inglese esce dalla sua stanza, torna nella sala comune e guarda Carrel dritto negli occhi.

«Allora, vi siete finalmente deciso ad accompagnarmi?»

«È un ordine?» ribatte Carrel, ridendo sotto i baffi.

«No, una richiesta.»

«Subito, adesso?» gli chiede l'altro.

«Magari domani.»

Carrel vuole una seconda guida e un portatore, Pession.

«Il primo giorno di bel tempo, io e Macdonald vogliamo partire. In cinque, con provviste per tre giorni.» Whymper lo dice in tono di comando.

Carrel non replica, però riflette. Deciderà sulla montagna. Sa che gli inglesi sono forti camminatori, ma anche estranei alla natura di quei luoghi. Dal suo punto di vista, come arrampicatori non valgono niente.

Il 9 luglio, mattina presto, si parte. Il tempo è magnifico: non tira un filo di vento. Le guide e il portatore stanno davanti. Carrel vuole bivaccare più in alto che può. Lui non va mai in fretta, ma procede a ritmo costante, e consiglia di rinunciare alle pause. È abilissimo, conduce con decisione e ormai Whymper ripone in lui piena fiducia. Il gruppo sale senza fermarsi sul Colle, e presto arriva più in alto della cima della Testa del Leone. Sotto la cresta, a est del « camino », Carrel individua un luogo riparato per il loro primo bivacco. Le guide collegano due gradini di roccia con un muro a secco fatto di sassi. Sotto la direzione di Carrel, neanche fosse muratore professionista, sorge una piattaforma stabile.

« Altre guide non sarebbero capaci di una cosa del genere », lo elogia Whymper.

Carrel non spreca fiato. Non parla neppure con le altre due guide svizzere, benché sappia che anche loro hanno molto da insegnare.

Il giorno seguente, Carrel conduce il gruppo più in alto. Dopo un'arrampicata di un'ora appena, gli scalatori si ritrovano sulla cresta, ai piedi di una grossa torre. Subito sopra di loro, soltanto roccia verticale. Che questo baluardo possa essere aggirato da destra?

« Come proseguiamo? » domanda Whymper.

« Domani », si limita a rispondere Carrel, e tutti tornano dentro l'accampamento.

Il giorno dopo, col favore di un tempo perfetto e di una temperatura relativamente alta, Carrel sale di nuovo il camino. Whymper e Macdonald lo seguono senza problemi, ma il portatore Pession non ce la fa. È stanco, troppo debole. Carrel ne aveva già il sospetto, e ora, dall'alto, individua il problema: quell'uomo è pallido. Sta male.

« Io torno indietro », grida Pession con voce roca.

« Non da solo! »

Carrel si rifiuta di lasciar scendere il portatore per conto proprio. Lui si sente responsabile di tutti quanti, anche di guide e portatori. Non vuole assolutamente proseguire da solo assieme agli inglesi.

«Pession non sta bene e ha bisogno di me», dice a Whymper.

«Io e Whymper potremmo cercare di arrivare più in alto senza guida», tenta Mcdonald.

«Non se ne parla», è la secca risposta di Carrel. Sa che senza di lui non possono farcela, perciò ordina la ritirata. O si sale tutti insieme, o si scende tutti insieme.

«Solo per guardare cosa c'è dietro al prossimo angolo», lo prega Whymper. «Perché no?»

«Non sotto la mia guida. Non sotto la mia responsabilità.»

E così il gruppo torna al Breuil. Il giorno dopo, Macdonald parte: deve rientrare a Londra.

Whymper ha di nuovo fallito nella sua lotta contro il Cervino. Per la terza volta. Non ha fatto nemmeno un passo più su rispetto al massimo punto raggiunto dalla sua guida. Nessuno sa, nel frattempo, che quota abbia già raggiunto Carrel: resta un mistero. Ora però l'inglese è sicuro che, fino a quattromila metri, sul Cervino non esistono ostacoli insormontabili. Peccato che le pareti verticali sopra quella quota, ovvero gli ultimi cinquecento metri di dislivello, abbiano un aspetto terrificante! A quel punto ogni risalto di roccia, pur se inferiore ai tre metri, è potenzialmente in grado di fermare anche la migliore delle cordate. In punti del genere, in due ci si può assicurare, aiutare a vicenda. In tre sarebbe addirittura possibile posizionare delle scale di legno corte o delle stanghe. Nonostante ciò, riportare a valle un malato o un ferito in caso d'emergenza gli sembra altamente improbabile. Anche per questo motivo, pensa Carrel, ogni spedizione deve comporsi di almeno quattro persone. Per forza! Più si sale, più arrampicare diventa pericoloso, anche solo per il fatto che, con l'altitudine, cresce anche la difficoltà di un salvataggio.

Carrel non è l'unico a pensarla così. Le guide svizzere rifiutano gli incarichi sull'«Horu», come chiamano loro il Cervino, non soltanto perché nessuna è convinta che possa essere scalato, ma soprattutto perché non vogliono lasciarci la pelle. Mancano uomini come Carrel, disposti a osare e ad assumersi al contempo tutte le responsabilità. Whymper, *piantato in asso da Carrel*, come scrive lui stesso, vira ora su Zermatt alla ricerca di guide volenterose. Per l'ennesima volta! Durante una settimana di tempesta, scala il Monte Rosa.

11

Il 17 luglio, Whymper torna al Breuil. Senza guida. Strada facendo ha adocchiato la cresta nord-est dell'Hörnli e l'ha giudicata impossibile, quindi vuole ritentare dal versante italiano. Con le guide del posto. Ormai il percorso gli è diventato familiare. Quella di guida alpina non è tuttavia l'occupazione principale di Carrel e Meynet, quindi loro non hanno tempo di accompagnarlo, o almeno così dicono. Whymper decide quindi di partire da solo; in fondo ha lasciato la tenda arrotolata sulla seconda piattaforma che hanno preparato. Chissà se la burrasca degli ultimi giorni l'ha spazzata via...

Il 18 luglio s'incammina. Sale sempre più su, con grande meraviglia dei pastori. Molto oltre i pascoli, ecco che comincia l'arrampicata vera e propria. Ora quel lupo solitario procede più lentamente, cerca di memorizzare ogni punto, di fissare nella mente immagini del paesaggio. Gli serviranno per orientarsi quando sarà ora di tornare a valle. O in caso di nebbia. Questa solitudine risveglia in lui strani timori e, allo stesso tempo, nuove capacità, tanto che all'improvviso ha l'impressione di vedere se stesso dall'esterno. Come lo vedrebbe Carrel mentre arrampica. E così condivide la sua preoccupazione, secondo una sorta di doppia responsabilità. Quella verso se stesso e quella verso il suo ospite. Chi dipende in tutto e per tutto dalle proprie gambe e dalle proprie decisioni, deve prestare attenzione anche ai più piccoli dettagli, se vuole escludere il maggior numero possibile di rischi. Lassù, sulla montagna, ogni movimento può essere una scelta tra la vita e la morte.

Whymper misura la sua quota prima al piano nivale, poi in relazione alle vette tutto attorno, e vede punti di riferimento che prima non aveva mai notato. Conosce i propri limiti e al contempo capisce che è possibile andare oltre quanto raggiunto fino a quel momento. Mentre è alle prese con alcuni passaggi, resta incantato dalla meraviglia che la vegetazione di quel luogo suscita in lui. Si accorge di singoli fili d'erba, di fiori, di chiazze di muschio. Che da sempre si inerpicano sulle rocce: le sassifragacee, la genziana, la linaiola d'alpe, l'erba storna. Guadagnano centimetro dopo centimetro, anche se a un certo punto devono cedere.

Whymper ritrova senza problemi la sua tenda, ora coperta di neve. La vista è incantevole, il cielo totalmente sgombro. Al lupo solitario, che non è distratto, il cerchio delle catene montuose sembra più ampio che mai: le cime del Breithorn, del Liskamm, del Monte Rosa, le Alpi Graie e la catena delle Pennine sembrano le quinte di un *theatrum mundi* divino. In lontananza, ecco la piramide del Monviso, e molto più vicino quella della Dent d'Hérens, con la parete nord in ombra, attraversata da mostruosi ghiacciai pensili. Lì si staccano lastre enormi che cadono in direzione del ghiacciaio di Tiefmatten. Più a destra la Dent Blanche, dal punto di vista di Whymper la più bella di tutte le montagne. Sul Cervino stesso, dove si trova lui, vede solo ripida roccia: nessuna forma, nessuna bellezza è più riconoscibile.

Quando il sole tramonta, l'inglese, accecato dalla luce, inizia a rimontare la tenda. Ha con sé viveri per svariati giorni e inoltre non fa freddo, perciò decide di trascorrere lì la notte. Al Breuil, dove tutti sanno del suo vagabondare, nessuno starà in pensiero. Dall'ingresso della tenda, un triangolo come la sagoma del Cervino, osserva il crepuscolo che sfuma nell'oscurità: un quadro e, allo stesso tempo, una visione ultraterrena, divina. È lui l'unico, in quel momento, a godersi uno spettacolo del genere? Incantato, rimane ad aspettare la luna. Prima diventano visibili le sagome delle montagne, poi le superfici guadagnano a poco a poco in profondità e struttura. È tutto più maestoso che di giorno. Che spazi! E un silenzio in grado di pervadere ogni cosa. Whymper non è né ateo né credente, è stupefatto: i contorni notturni di quel paesaggio alpino brillano come un enorme cristallo nell'universo.

La mattina prepara il caffè, si gode l'atmosfera accogliente dentro la tenda ed esce al sorgere del sole, perché ha i brividi. Incoraggiato da un tempo eccezionale, prosegue l'arrampicata, deciso a individuare un punto per un secondo bivacco.

Quell'arrampicare solitario in uno spazio immenso e verticale, tuttavia, gli mette abbastanza paura da indurlo a esitare. Ha l'impressione che, a ogni metro, la scalata si faccia più dura. Non è colpa delle difficoltà tecniche, che supera senza problemi, bensì della solitudine. Lo fa impazzire. Anche l'orientamento gli rende la vita difficile. Forse gli manca quell'istinto per il territorio, che invece, a quanto pare, Carrel possiede in abbondanza? Ma il suo senso del pericolo resta all'erta, e lui è convinto di poter compensare la mancanza di sicurezza con gli ausili tecnici: la tenda, la sua ascia da ghiaccio, una specie di rampino al quale può fissare la corda per calarsi, in caso di emergenza, per alcuni tratti. Dove gli appigli sono troppo piccoli o del tutto assenti, lui posa questo suo rampino su una sporgenza, controlla che tenga, fa scorrere la corda attraverso l'anello sull'estremità inferiore e si cala con prudenza. Lo fa tenendo la corda sempre in tensione, così da non dover temere che si sganci.

Malgrado l'incertezza, sale ancora: prima verso sud, sul versante della cresta rivolto al Breuil, poi verso nord, spostandosi dal versante di Zermatt. Su terreno roccioso, risalti che potrebbero misurare vari metri d'altezza. Whymper arriva fino ai piedi del Grande Campanile, il punto più elevato mai raggiunto, conquistato due anni prima da Hawkins e Tyndall. Lì potrebbe piantare la tenda: sopra questo campanile che si erge sopra la cresta come la torre di un immenso castello, Whymper scorge una fila di cime rocciose che si stagliano appuntite contro il cielo limpido. Quanto è difficile la via fin lassù? Il tempo propizio e la curiosità lo incoraggiano a proseguire. Sale alla destra della torre: proprio al centro di quel selvaggio scenario roccioso! Il posto per il bivacco l'ha trovato, quindi ha tempo a disposizione. Vuole vedere com'è quel mondo verticale. Salendo alcune rampe, sempre a destra

rispetto al Grande Campanile, raggiunge una forcella tra due picchi rocciosi.

Whymper inspira a fondo. A destra e a sinistra vede l'abisso, la sottile cresta sopra di lui sembra oscillare. Smette di guardare in basso, si bilancia più su, sopra precipizi perpendicolari, poi spicca un salto per trovare appiglio con le mani. Ci riesce – ora i piedi penzolano nel vuoto –, mentre cerca di issarsi sopra al bordo tagliente delle rocce. Adesso il baratro verso il ghiacciaio di Tiefmatten è mostruoso, e ancora più spaventosa l'arrampicata a destra, attorno a una seconda torre. Più volte Whymper deve affrontare dei passaggi nei quali l'appiglio per le mani è così ridotto che la punta delle dita minaccia di scivolare. È ormai quasi impossibile arrampicare! Non sarebbe forse meglio tornare indietro? Individuare una via richiede tempo, le mani sanguinano, le ginocchia tremano. Su appigli che si assottigliano sempre di più, ora Whymper scala un ripido canalone a destra di una cresta frastagliata: spesso si ritrova su rocce perpendicolari – *a braccia e gambe aperte, come crocifisso.* Whymper si appiattisce contro la roccia, guarda in alto, sente il suo petto gonfiarsi e sgonfiarsi ritmicamente e cerca una tregua che non trova. Più a sinistra c'è una cresta frastagliata alta come il campanile di una chiesa, a precipizio sul vuoto sottostante. Quell'immagine gli paralizza il cuore, le braccia, le gambe. Distoglie lo sguardo, ora è tutta questione di prese e appoggi. Si salva tendendosi verso destra con un passo più simile a un salto. Ora euforia e paura convivono, tutti i sensi sono vigili, le migliori forze chiamate in causa. Ha ancora il controllo su quella difficile scalata oppure il confine tra possibile e impossibile è già stato varcato?

Whymper sa che c'è un limite oltre il quale non deve osare. Perché sarebbe fatale, da irresponsabili. Deve tornare indietro rifacendo gli stessi passaggi che gli sono riusciti in salita, arrampicando in discesa o calandosi. Questo limite, tuttavia, nel suo caso è più vicino alla tracotanza di sentirsi superiore a tutti gli altri che non alla consapevolezza dei propri mezzi. È già arrivato più in alto di tutti i suoi rivali, forse?

La sua via però si fa più semplice, lo porta sopra lastre di roccia compatte stratificate verso il basso, accanto a sfasciume. Ovunque, detriti pronti a franare. La roccia, uno gneis calcareo, è frastagliata; la montagna, consumata dall'erosione. Whymper è sullo spigolo della cresta, nel solco tra due pilastri instabili: alla sua destra e alla sua sinistra, soltanto l'abisso. Sopra, ancora una cresta frastagliata che presenta delle formazioni rocciose insolite: gnomi dai volti mostruosi che sogghignano; rocce che sembrano essere state spaccate con l'ascia; torri isolate, tutte pronte a precipitare. Whymper è consapevole dell'effetto distruttivo del ghiaccio, e si rende conto che proseguire l'arrampicata su quel terreno franoso è troppo pericoloso, anzi per lui impossibile. Com'è arrivato in alto! Guarda la parte centrale delle Alpi Pennine fino al Grand Combin; dietro, il massiccio del Monte Bianco. Dal punto in cui si trova, la Dent d'Hérens, vicina più prossima del Cervino, svetta ancora di poco.

Soltanto a questo punto decide di scendere; si cala con prudenza, abbandona tenda e ascia, sfrutta il crepuscolo per tornare rapidamente al Breuil. Sul Colle del Leone, quando mancano cinquanta passi alla «grande scalinata», che vuole scendere prima che faccia buio, esita un istante. All'angolo con la Testa del Leone non ci sono più i gradini che aveva trovato salendo. I raggi solari hanno trasformato il manto di neve in una lastra di ghiaccio, le sue orme sono sparite. Le rocce lì dietro sono percorribili, ma per arrivarci deve scavare dei gradini: la neve è molto dura, sui bordi luccica il ghiaccio. Whymper gratta, tenendo la mano destra sulla roccia, con la punta del suo bastone da montagna. Fila tutto liscio. Ma quando si gira, scivola e cade – all'inizio senza nemmeno capire come – su un ripido nevaio, finendo in un canalone che scende tra due sporgenze rocciose verso il ghiacciaio del Leone. Nella sua impotenza, al contempo assolutamente lucida e presente, Whymper sa che sotto di sé c'è un baratro di trecento metri buoni. Si ribalta, prende velocità, il canalone si stringe sempre di più fino a diventare una fessura tra due pareti rocciose. Sotto il vuoto, molto in fondo il ghiacciaio. Whymper

WHYMPER SC.

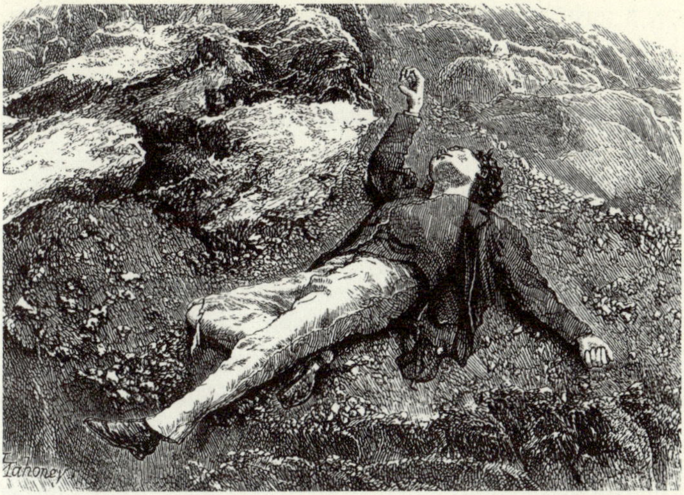

prosegue la sua caduta, ora di testa: non trova appiglio da nessuna parte, il bastone gli è sfuggito di mano. Con balzi che si fanno sempre più lunghi, ruota vorticosamente sul ghiaccio, poi sulle rocce, contro cui picchia più volte la testa. Sballottato da un lato all'altro del canalone, finisce per battere con il lato sinistro del corpo contro le rocce, alle quali resta agganciato con gli abiti.

Whymper ora è appeso, con la testa rivolta verso l'alto, all'orlo del precipizio. Bastone, cappello e sciarpa scompaiono, assieme ai frammenti di roccia che lui stesso ha smosso durante la caduta, nell'oscurità sotto ai suoi piedi, verso il ghiacciaio, duecentocinquanta metri più in basso. È precipitato per sessanta metri. Ancora tre e sarebbe stato perduto. Non si fa rimproveri, ma per un istante pensa a Carrel: che cosa avrebbe detto la guida di fronte a una sciocchezza del genere? È un miracolo che sia ancora vivo.

Ha riportato delle brutte ferite: in testa, sulle mani, su tutto il corpo. Sanguina da venti tagli diversi. Con la neve cerca di fermare l'emorragia peggiore che ha sulla testa. A ogni battito del cuore, però, dalla cute lacerata cola sempre più sangue. Come in trance, il ferito risale e torna al sicuro sulla cresta, dove perde i sensi.

È notte quando Whymper riprende conoscenza. Nonostante ciò, riesce a coprire i millecinquecento metri di dislivello che lo separano dal Breuil. Senza cadere, senza mai sbagliare strada. Procede come un sonnambulo.

Sapevo cosa stava succedendo, racconterà in seguito. *Sentivo ogni colpo, ma, come un malato sotto cloroformio, non provavo alcun dolore. Ogni urto era peggiore del precedente, e ricordo benissimo di aver pensato: se il prossimo sarà più forte ancora, è finita. In testa mi sfrecciava una moltitudine di cose, spesso semplici inezie o assurdità che avevo dimenticato da tempo. Più sbalorditivo è il fatto che questo salto nel vuoto non sia stato spiacevole. Ma credo che, di lì a pochi metri ancora, coscienza e sensibilità sarebbero sparite completamente. Ed è su questo che baso una tesi che a molti potrà apparire indifendibile: ovvero che la morte per caduta da grandi altezze sia una fine indolore come nessun'altra.*

«Per chi muore, forse», pensa Carrel mentre l'altro gli racconta la storia. «E per chi resta?»

12

Al Breuil, Jean-Antoine Carrel apprende altri dettagli sull'incidente di Whymper. No, da lui una cosa del genere non se la sarebbe aspettata. La caduta sì, ma il sangue freddo con cui ha reagito e la quota che ha raggiunto, no. Mentre Whymper si tiene in disparte, cura le ferite e riflette sulla vanità dei propri desideri, i particolari sul suo infortunio al Cervino si diffondono. Viaggiano di casa in casa, di bocca in bocca.

Di grave ci sono soltanto i problemi di memoria, confesserà in seguito Whymper. *La mia, da eccezionale, è diventata del tutto ordinaria. Dei fatti accaduti molto tempo addietro mi ricordo bene come un tempo, ma gli avvenimenti di quella giornata infausta mi sarebbero sfuggiti, se prima dell'incidente non avessi preso appunti.*

Il 23 luglio l'inglese ha già voglia di fare un nuovo tentativo. Con due guide e con Luc Meynet. Questa volta Carrel va soltanto per scoprire quanto in alto fosse arrivato l'inglese: vuole avere il controllo sui tentativi di salita alla sua montagna! Raggiungono senza problemi il Grande Campanile, forti di un tempo eccellente, ma a quel punto cala improvvisamente la nebbia. Pochi minuti dopo, ecco neve e ghiaccio. Il gruppo attende diverse ore, spera e rabbrividisce dal freddo. Finalmente, quando l'incubo è cessato, scende ai piedi del Grande Campanile e costruisce una piattaforma, allestisce un bivacco notturno. Bisogna stare rintanati dentro la tenda, fuori nevica. Senza sosta.

«Il tempo resta brutto», dice Carrel.

«Sei sicuro?» gli chiede Whymper.

Carrel è preoccupato: «Domani, in ogni caso, la montagna sarà coperta di ghiaccio fin sotto».

«Inutile qualsiasi tentativo?»

«Assolutamente!»

«Spesso, però, mentre qui c'è tempesta, a valle splende il sole», suggerisce Whymper.

«Lassù potete lavorare soltanto in condizioni di buona visibilità e di bel tempo.»

Whymper posa la mano contro la roccia. «È calda. Il ghiaccio non potrà formarsi tanto facilmente.» Lui vuole rimanere, aspettare.

Carrel invece vuole scendere. Non tollera contraddizioni. «Quassù decido io, e per me la sicurezza conta più che conquistare la vetta.»

E così ridiscendono, sul Colle sbucano fuori dalle nuvole e ammirano una valle inondata dal sole. Soltanto il Cervino resta avvolto nella nebbia: tutto attorno, tempo incantevole. Whymper non dice nulla, si limita a pensare che non è semplice avere a che fare con quel Carrel.

Ma non è l'ambizione di Carrel di tentare la prima scalata del Cervino per conto proprio a farlo scendere, bensì la sensazione che lui sia troppo giovane per assumersi una responsabilità del genere.

Carrel fa il proprio gioco, e lo lascia intuire a Whymper. Non ha bisogno degli inglesi, per lui il denaro conta meno della sua montagna. Che l'altro gli chieda semplicemente di accompagnarlo o lo paghi per farlo, per lui è uguale. Gli interessa solo il monopolio sul Cervino. Whymper, invece, pensa che soltanto con Carrel ci sia una possibilità di raggiungere la cima. Non riesce a comprendere il suo atteggiamento, certo, ma non è la codardia a far sembrare quell'uomo imprevedibile. E non si può rimproverare a una guida, per quanto testarda, un eccessivo senso di responsabilità. Carrel non torna mai indietro a causa delle difficoltà; la sua voglia di arrivare in vetta è palese. Tuttavia, in qualità di guida, considera le capacità di Whymper l'unità di misura per valutare come muoversi insieme. Peccato che l'inglese, nella sua superbia, non se ne accorga. I suoi uomini sono cresciuti in montagna, e sanno d'istinto fino dove si possono spingere. Ognuno per sé. Carrel si fida più di loro che di quel cittadino, frequentatore sporadico della montagna da tre anni appena. Nonostante ciò, insieme formerebbero la cordata perfetta. Whymper si fa carico dei costi, lui della responsabilità. In maniera molto naturale, senza che sia necessario discuterne. No, non c'è nemmeno bisogno di pensarci. Le capacità dei suoi ospiti gli interessano sempre più del compenso come guida. Non avanza mai richieste esagerate, e poi si fa ingaggiare e pagare ogni volta per un'unica escursione.

Whymper, tornato in valle, si arrabbia. Perché ha perso tempo. Ma Carrel gli promette che ripartiranno già il giorno dopo.

«Saliremo fino ai piedi della torre e assicureremo i passaggi più difficili con le corde», propone.

Whymper è entusiasta: «E poi dal campo tenteremo l'assalto alla vetta?»

Il mattino dopo, ad attendere l'inglese c'è soltanto Meynet, il Gobbo.

«I due Carrel sono partiti per andare a caccia di marmotte», si scusa il portatore.

«Al diavolo quelle bestiacce!»

« Il tempo è perfetto per la caccia. »

« Ma come ci si può fidare di questa gente? » Whymper è furibondo. Chiede al Gobbo di accompagnarlo lo stesso. Una sola volta ancora, prima che finisca le ferie. « Voglio tentare di arrivare in vetta », dice.

« Non ci sono possibilità. »

« Come mai tanta sfiducia? »

« La vetta non si può raggiungere senza Jean-Antoine. »

Poche ore dopo sono già al Colle del Leone. Meynet si butta in ginocchio, batte un paio di volte le mani ed esclama, con le lacrime agli occhi: « Come siete belle, montagne! » Taciturno e riverente, se ne sta fermo come un fedele in preghiera. Poi i due salgono lungo la cresta sud-ovest, dormono nella tenda del vecchio campo, sotto la torre, e la mattina ripartono molto presto. In breve hanno superato il punto da cui l'altra volta erano tornati indietro. Avanti, ora! Raggiungono una parete quasi verticale, la scalano facendo presa su appigli malagevoli, e arrivano fin sotto una breccia oltre la quale non possono più procedere. Non si va né avanti né indietro. Sopra di loro, l'intaglio sulla cresta, e più sopra ancora il cielo. Dietro, il vuoto. Non si può proseguire! Entrambi restano fermi sulla roccia, come aquile con le ali ripiegate.

« Cosa facciamo? » Meynet è perplesso.

« Indietro! » La valutazione di Whymper arriva tardi. Troppo?

Decide di tornare al Breuil e di farsi costruire una scala in legno leggero, che porterà con sé nel prossimo assalto a quel punto ripidissimo.

« E chi terrà questa scala? », gli chiede Meynet.

« Carrel. »

Nei punti difficili, senza perdere di vista Whymper, anche Meynet si cala. Mentre lo fa, le gambe gli penzolano nel vuoto, eppure è ancora contento, come se l'abisso fosse per lui anche una consolazione. « Si muore una volta sola », scherza. Tornato in valle, racconta a Carrel di una parete insormontabile al di sopra del nevaio.

13

Nel frattempo al Breuil è giunto anche il professor Tyndall, con tre guide del Vallese tra cui Johann Bennen e Anton Walter. Laconicamente, Tyndall spiega a Whymper che cosa ha intenzione di fare. Carrel e César sono taciturni, ma non restano con le mani in mano. Hanno costruito una scala, si sono procurati dei viveri e così, sempre senza dir nulla, partono assieme a Tyndall. Whymper resta più che deluso dalla slealtà di Carrel, soprattutto per la scala, che in fondo è un'idea sua. Si sente nuovamente tradito. Ingannato, anzi. In questo momento, sta pensando di aver perso? Forse. Però sa che, senza Carrel, una gara con il professore non avrebbe speranze, sarebbe insensata.

Nonostante ciò, attorno a mezzogiorno Whymper parte col Gobbo dal Breuil e sale verso il Colle del Leone. Dietro la comitiva di Tyndall. Vuole almeno recuperare qualche utensile dalla sua tenda. Sotto al Colle, supera la lenta armata del professore. Non è invidioso del suo stile: gli invidia Carrel. Sul Colle, entrambi avvertono una specie di sibilo, e solo grazie a quel suono si accorgono di un masso grande come una testa che rotola verso di loro. Si mettono subito al riparo dietro una sporgenza rocciosa, e il masso sfreccia loro accanto. Lo seguono con un baccano infernale altri detriti, anzi no, una vera e propria frana. L'aria si riempie di nuvole di polvere e puzza di zolfo.

Una volta raggiunto l'accampamento, Whymper aspetta il professore, lo saluta brevemente e poi torna al Breuil. Il mattino seguente, mentre sta facendo le valigie, si accorge che il paese brulica di gente che corre e gesticola indicando la cima del Cervino.

«Sono su!»

«Dove?»

«Dove sventola la bandiera!»

Whymper prende il binocolo e osserva. Inspira, espira. Di sollievo! Sono alla spalla, non sulla vetta. Sì, Tyndall è riuscito a superare il punto chiave in cui lui e Meynet avevano deciso di tornare indietro, però non ha centrato l'obiettivo. Dalla spalla manca ancora molto alla cima, e in alto la roccia è addirittura a strapiombo.

Aspetta che i suoi rivali facciano ritorno. Prima di partire, vuole sapere quante possibilità ha. Nel frattempo beve un bicchiere di vino assieme a Favre e gli promette che si rivedranno.

Quando i sei scalatori scendono sui prati, e nei loro passi non c'è più baldanza, tutti capiscono: hanno fallito. Carrel tiene la testa bassa, gli altri imprecano tra sé: com'è difficile questa montagna, fa paura, è impossibile! Anche il professor Tyndall, che dice di essere arrivato «a un tiro di sasso dalla cima», ne è ora fermamente convinto: *il Cervino non può essere scalato.* Non vuole fare altri tentativi. Whymper, invece, ha depositato tenda e corde dal suo locandiere: *te li lascio per la prima scalata, l'anno prossimo.*

Tyndall, che è riuscito ad avvicinare all'alpinismo un ampio pubblico, col suo verdetto di «impossibilità» non fa che alimentare la bruciante ambizione di Whymper. Non vuole la gloria soltanto per sé, ma anche per la corona inglese. L'Inghilterra dei conquistatori gli fa da sprone quanto il Cervino stesso. Incoraggiato dalle avventure degli esploratori polari, Whymper vuole brillare, vuole diventare un eroe nazionale come Ross o Franklin. Nonostante ciò, il blasonato Alpine Club di Londra non vede di buon occhio questo tipo di alpinismo, uno sport privo di ambizioni scientifiche. A infastidire sono soprattutto i viaggi solitari di Whymper. Tyndall ha per lui solo perplessità e stupore: *qui c'è un giovane che ha imparato ad arrampicare, si spinge sempre più in alto, si getta all'avventura così, senza preparazione, e alla fine vuole salire il Cervino da solo.*

Whymper però lo sa: con Carrel può arrivare in cima. Al tempo stesso può mantenersi con l'arte d'intagliare il legno appresa dal padre, e poi magari raccontare delle sue gesta eroiche in un libro illustrato. Se solo ci fosse Jean-Antoine con lui...

Carrel lo ha colpito fin dall'inizio: quell'indipendenza, quella risolutezza, e poi quell'aria di sfida! Gli piacciono. Certo, la sua inaffidabilità lo offende. Più volte gli ha proposto di salire loro due soltanto, convinto che le guide svizzere – al diavolo la loro fama – non siano interessate a conquistare il Cervino.

Ma Carrel vuole essere indipendente, avere la situazione sotto controllo. È solo per questo che segue i movimenti dell'intruso. Agisce come un cacciatore, non come un guerriero. Con Tyndall ha raggiunto un punto più alto rispetto al massimo traguardo di Whymper. Se quest'ultimo avesse portato avanti la sua scalata solitaria, Carrel avrebbe arrampicato davanti a lui: da una sporgenza all'altra. Il suo atteggiamento ambiguo nei confronti dell'inglese, quel suo oscillare tra rispetto e dominanza, fa parte della sua natura. Entrambi vogliono scalare il Cervino, ma l'ambizione di Whymper di conquistare per primo la vetta trova nella passione di Carrel per l'arrampicata una barriera: la gelosia di quest'ultimo è rivolta alla montagna, non al prossimo. Sì, sono fatti l'uno per l'altro. Carrel però non ha l'indole del servitore e il dandy inglese, incapace di accettare che un montanaro privo di mezzi possa avere una propria volontà, continua a voler comandare. Ma Carrel non è pronto né a servire né a ubbidire.

«Dunque Tyndall è arrivato più in alto di me», pensa Whymper. Con l'aiuto della scala di legno che Carrel gli ha posizionato su una cengia per superare il passaggio chiave. Nel punto dove, scendendo, hanno lasciato appesa una corda, come aiuto per la volta successiva. Il Cervino è per Whymper ciò che il Monte Bianco era per Jacques Balmat: l'essenza della sua vita. Vuole raggiungere il successo, con ogni mezzo. Anche per rendere onore ai suoi compatrioti. Palmo dopo palmo, lentamente e con fatica, cerca da anni di scoprire una via di salita. Quando però entra in competizione con Tyndall, il terzo che gode è Carrel. Perché, come accompagnatore, conosce i punti di forza e i punti deboli di entrambi. Quindi può controllarli.

Whymper si arrovella un inverno intero su Carrel e il Cervino. Carrel sarebbe riuscito a condurre il professore in vetta? Forse, però sa com'è fatto: il suo orgoglio non avrebbe mai tollerato una guida svizzera sulla vetta. Benché Carrel rispetti Bennen, che a sua volta invece disprezza le guide italiane, non lo avrebbe mai aiutato ad arrivare fin lassù. L'avversione di questo abitante della Valtournenche per gli stranieri della valle vicina ha radici profonde. Nessuno deve contendergli la sua montagna. E poi ci sono le difficoltà linguistiche: Bennen parla solo tedesco; Carrel, oltre al suo dialetto, solo il francese. Non riescono a capirsi veramente. E il modo di essere di Carrel non tollera nessuno sopra di sé, né un signore né una guida. Lui vuole scalare il Cervino, ma senza assoggettarsi a nessuno. Quando sulla spalla sotto la vetta, Tyndall gli chiede la sua opinione: «Dove vedete la possibilità di salire ulteriormente?» lui risponde laconico: «Il signore lo chieda alla sua guida. Io sono un semplice portatore». Agli occhi di Whymper, da questa risposta non trasuda rabbia, bensì emerge il carattere di colui che l'ha pronunciata. Bennen, la guida, ha fallito. Non Carrel, lo scalatore.

14

Quando l'Alpine Club invita pubblicamente i suoi membri ad accelerare i tempi della scalata del Cervino, nel castello torinese del Valentino si raduna una manciata di appassionati della montagna provenienti da tutto il Piemonte per progettare la fondazione di una società alpinistica. È il luglio del 1863 e, implicitamente, si stabilisce anche un obiettivo segreto: il Cervino dovrà essere scalato dall'Italia! Un complotto contro gli inglesi? Non soltanto. Innanzitutto la prima scalata servirà a rendere nota la fondazione del Club Alpino Italiano, il CAI, e a fare onore al neonato regno d'Italia. Sul Monviso, la vetta piemontese per eccellenza, gli alpinisti inglesi hanno preceduto quelli italiani. A questi ultimi, dunque, nelle Alpi occidentali resta soltanto il Cervino per dar prova delle loro capacità. Ecco che, per la prima volta, l'alpinismo assume una connotazione nazionalistica, che continuerà a dargli slancio per altri cento anni.

I membri del CAI sono scienziati altamente motivati, uomini di cultura capaci e benestanti: Quintino Sella, Bartolomeo Gastaldi, Felice Giordano, Benedetto Rignon, Perrone di San Martino. Sono al corrente dei tentativi delle guide della Valtournenche, che preparano il terreno da anni. Però non basta: servono soldi, serve un piano, serve una logistica e un coordinatore. Poiché né Gastaldi né Sella possono prendere in mano le redini dell'impresa, tocca a Felice Giordano farsi avanti. E il tempo stringe: il 23 ottobre 1863 dovrà essere proclamata ufficialmente la fondazione del Club Alpino e, al contempo, festeggiata la prima scalata del Cervino a opera di italiani.

15

Nell'agosto di quello stesso anno, Whymper è tornato al Breuil. Puntuale come un uccello migratore. Per scalare il Cervino? Come prima cosa, va a cercare Carrel.

«Non volete arrendervi», gli dice quest'ultimo.

«Non posso.»

«E perché venite da me?»

«Con te ho una speranza. Senza te, nessuna.»

«Purtroppo questa volta non posso nemmeno io», è la risposta di Carrel. Sa che Whymper dipende da lui. Non vuole illuderlo, né far mistero di aver preso altri impegni. Ecco che i due uomini sono di nuovo in conflitto. C'è solo una cosa sulla quale concordano: non salgono tanto per un Club o per una nazione, il Cervino è per loro una questione del tutto privata e personale. Nonostante ciò, si mettono d'accordo per un'escursione attorno alla montagna: da Valtournenche tornano al Breuil passando per Zermatt e la Valpelline. Alla fine Carrel, entusiasta della resistenza di Whymper, è pronto a fare un ultimo tentativo di scalata assieme all'inglese: partendo dal Giomein. Ha tre giorni di tempo.

«Ma soltanto se le condizioni climatiche lo consentono», precisa.

L'altro gli lascia carta bianca per quanto riguarda programma e scelta della guida, e così entrano a far parte del gruppo anche César Carrel, Luc Meynet e due portatori. Domenica 9 agosto, il cielo si rischiara. Le nebbie che formano degli anelli attorno alla vetta si assottigliano, per poi svanire del tutto il giorno dopo prima dell'alba. Fa fresco, si sale verso un cielo privo di nuvole. Quando al Colle mancano ancora parecchie centinaia di metri – la roccia è coperta di ghiaccio a sua volta rivestito da un leggero strato di neve farinosa – Carrel vuole testare il terreno con l'ascia da ghiaccio, scavare dei gradini. In quell'istante, il pendio su cui si trova cede e si stacca: le placche di neve cadono assieme a lui, con un movimento serpeggiante. Carrel salta verso l'alto, si gira a mezz'aria, afferra le rocce dalle quali è salito sul ghiaccio: salvo!

«È arrivato il momento di legarci», stabilisce.

Tutti si legano e Carrel ricomincia la salita.

Whymper non dice una parola. Fanno entrambi finta che non sia successo nulla.

Carrel procede con lentezza e costanza. Tagliano verso il Colle del Leone, coperto di duro ghiaccio e simile alla sommità del tetto di una chiesa. Whymper sa apprezzare, in questa situazione, il valore di una corda, ma soltanto se viene tenuta tesa tra lui e la guida. Sa che non scivolerà nemmeno di un metro, se chi lo precede e chi lo segue lo tengono. Anche sulla cresta che raggiungono in seguito le rocce sono completamente ghiacciate. L'acqua del disgelo del giorno prima si è congelata durante la notte, formando uno strato sottile come un foglio di carta. Carrel conosce questo fenomeno e arrampica con prudenza, liberando dal ghiaccio prese e appoggi. Whymper, che si fida ciecamente di lui, lo segue riconoscente.

Ai piedi del Grande Campanile soffia un vento gelido. Non è facile dire da dove provengano le correnti d'aria, ma Carrel sente che non si tratta di un vento qualsiasi: è più pesante del solito. C'è un momento in cui sembra scendere dall'alto, dopodiché torna tutto tranquillo, nemmeno una nuvola in vista. Poi, di colpo, si forma della nebbia, molto vicino alla montagna, sul versante sud e in diversi punti: sopra e sotto di loro. Ora ci sono dei singoli gruppi di nuvole che si rincorrono vorticosamente.

«Tempesta di neve in vista», annuncia.

«Quanto durerà?» chiede Whymper.

«Se arriva da est, porterà un sacco di neve.»

La cresta è già coperta.

«Cosa facciamo?» domanda l'inglese.

«Monsieur», gli risponde Carrel. «Quassù il tempo cambia molto in fretta.»

«Tanto repentinamente?»

«Spesso in pochi minuti.» César ride.

«Non ho chiesto la vostra opinione», lo fulmina Whymper.

«Perché no?» Carrel gli punta addosso uno sguardo indagatore.

«Quando migliorerà?» domanda l'inglese.

«Chi può dirlo...» gli risponde Carrel, calmo. «Qui ci si può accampare. Fermiamoci.»

Meynet è d'accordo. «Se continuiamo, moriremo assiderati.»

Nessuno protesta. Le guide spianano una superficie e montano la tenda. Nel frattempo, le nuvole sono diventare più scure. Seduti dentro al loro rifugio, gli uomini sentono scoppiare il temporale: i fulmini si abbattono tra le rocce, tuoni terribili scuotono l'intera montagna. Whymper si scoraggia, pensa che finirà arrosto. Un tuono e poi un lampo, quasi in contemporanea. Per due ore l'eco dei boati già esplosi si confonde con nuovi lampi. Il vento soffia da est, però si mantiene abbastanza costante. Sempre più spesso le raffiche colpiscono la tenda, benché sia riparata dalle rocce. Whymper teme che potrebbero volare tutti via assieme alla tenda, perciò le guide costruiscono un muro di protezione contro il vento, che di colpo gira da nord-ovest. A quel punto spariscono anche le nuvole e, poco dopo, la comitiva vede il sole tramontare dietro la catena del Monte Bianco. Che spettacolo di colori! E che sensazione: quella di essere gli unici superstiti alla fine del mondo.

Nella tenda, sotto le coperte, si sta comodi, ma è impossibile anche solo pensare di dormire. Dopo quel caos sono tutti sovreccitati e, come se non bastasse, fuori continuano a piovere massi. Whymper sa che, in genere, quelli di maggiore dimensione cominciano a cadere soltanto a partire dalle prime luci del giorno, ma al buio si ha comunque più paura.

La mattina ricomincia a nevicare. Quando più tardi sembra che smetta, Carrel vuole salire verso la spalla. Whymper, però, che conosce il terreno attorno alla torre ed è consapevole del pesante carico che stanno trasportando – tenda, coperte, viveri, una scala e centoventi metri di corda – si rende conto che salire in quelle condizioni è pura utopia. Decidono di tornare indietro. Di comune accordo, stavolta. Non hanno nemmeno raggiunto la corda che la spedizione di Tyndall aveva lasciato sulla roccia verticale sotto la spalla. Carrel fa calare i suoi uno alla volta, tratto dopo tratto.

Nel pomeriggio il gruppo fa ritorno al Breuil. Con un tempo eccezionale. I locandieri si meravigliano, non si sono minimamente accorti di quelle ventiquattr'ore di tormenta di neve in cima alla montagna.

«Da noi niente pioggia», dice Favre.

«Su c'è stato il pandemonio. Mi sembrava di essere all'inferno», racconta Whymper.

«Com'è possibile?»

«Questa montagna è veramente stregata.»

Carrel ride fra sé e prosegue. Per lui vento e bruschi abbassamenti di temperatura, tempo invernale e nuvole sono parte integrante della sua montagna. L'inferno è soltanto quando gli uomini si fanno idee sbagliate del paradiso.

«Sul serio, mentre eravamo su, qui non c'è stato nemmeno un accenno di temporale?» domanda Whymper dopo che le guide se ne sono andate.

«No, sempre tempo magnifico.»

«Niente nuvole?»

«C'è stato un momento in cui la montagna era coperta, c'era un po' di nebbia, un po' di nuvolaglia sulla parete meridionale. Ma niente di più.»

Per una volta Whymper si sente preso in giro dalle perfide nubi, non da Carrel. Il Cervino le attira, pensa fra sé. Sul versante sud la nebbia sale improvvisamente perché lì ristagna il calore. Soprattutto quando fa bello, nelle giornate senza vento, a causa del gradiente termico. Sono l'altitudine e la posizione a rendere il Cervino padrone delle condizioni meteo e accentratore di nuvole. A quanto pare, in alcuni punti l'umidità delle correnti ascensionali si condensa più velocemente che in altri. Dove le correnti

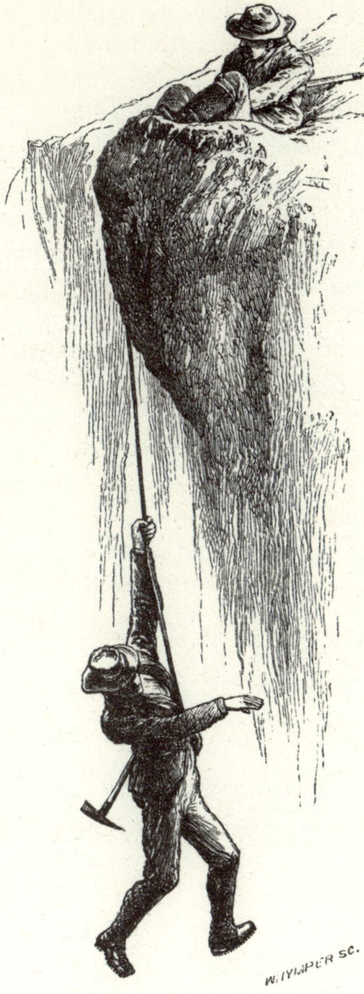
W. WHYMPER SC.

ascensionali calde incontrano masse d'aria fredda, si genera prima la nebbia che tende ad addensarsi, poi, tra i due strati d'aria con diverse temperature, scoppia un temporale.

Whymper riflette molto su questi meccanismi, puri fenomeni naturali. È un uomo curioso, ma resta soprattutto uno scalatore. Ormai ha tentato di salire dalla cresta del Breuil per sette volte, ma il Cervino ha sempre avuto la meglio. Adesso se ne va, di nuovo. Come un giocatore che ha perso tutte le sue puntate. Carrel sa che l'estate seguente ci riproverà, convinto di farcela, prima o poi. La ruota è destinata a girare, e a Londra Whymper ha tutto il tempo di programmare la sua prossima ascensione. Però non può immaginare che Carrel non sarà più al suo fianco.

16

Nel 1865, a Zermatt ci sono dieci rinomate guide alpine insieme a clienti svizzeri, tedeschi, francesi e soprattutto inglesi, «signori» che questi esperti accompagnano abitualmente sul Monte Rosa. Fra queste spicca Peter Taugwalder: ha quarantaquattro anni ed è salito in vetta già novanta volte. Il secondo nella classifica delle guide sul Rosa è il quarantenne Matthäus Zum Taugwald, che nel 1855 era presente alla prima scalata con Ueli Lauener e da allora è salito in vetta quaranta volte. Seguono poi: il grande viaggiatore Peter Perren, la più giovane guida di Zermatt; Franz Biner, detto «Biner del Weisshorn»; Johann e Stephan Zumtaugwald, due fratelli più giovani del famoso «Mâthée»; l'esperto del Monte Bianco Johann Kronig, ritenuto capace d'intendersi in latino coi reverendi inglesi. Tutti questi uomini non agiscono come corporazione: ognuno di loro concorda coi turisti meta e compenso per conto proprio. Basandosi sulla loro grande esperienza, giudicano fino dove è in grado di spingersi il cliente e organizzano le escursioni di conseguenza.

Non sono tanto queste guide alpine, quanto il parroco del paese, il reverendo Josef Ruden, e l'albergatore Alexander Seiler a contendersi in questi anni il potere all'interno della comunità. Seiler viene da fuori, e la sua parola conta molto per i turisti. Ciò che predica Ruder per i «cittadini» di Zermatt è sacrosanto. E poiché il parroco stigmatizza la scalata del Cervino, Taugwalder non osa esplorare la cresta del'Hörnli, figuriamoci scalare l'«Horu». Però è certamente l'unico, a Zermatt, a pensare che sia fattibile.

In questo periodo il Vallese è la mecca di tutti i più grandi alpinisti. Il primo presidente dell'Alpine Club, il celebre botanico John Ball, adora Zermatt e la definisce un «Eldorado per veri scalatori». Però è scomoda da raggiungere: i viaggiatori arrivano alla meta soltanto dopo un lungo viaggio in carrozza attraverso la valle del Rodano e una marcia di sette ore attraverso la Mattertal. Troppo, per i normali turisti. È una faticaccia che tenendo lontani i semplici escursionisti, rende Zermatt ancora più attraente per i veri alpinisti.

Molto diversa la situazione del nascente turismo in Valtournenche. Lì permane una certa paura nei confronti dei «forestieri». Una diffidenza che affonda le radici nella storica rivalità tra valdostani e vallesi, quando sul Colle del Teodulo c'erano ancora dei muri di confine. Gli alpigiani del sud avevano cominciato a barricarsi per contrastare le ripetute invasioni nel loro territorio da nord. E questa animosità prosegue agli albori dell'alpinismo. Le guide sul versante italiano del Cervino vedono, nei loro colleghi di Zermatt, degli intrusi.

Per gli abitanti della Valtournenche, gli stranieri sono tutti inglesi, anche i tedeschi e i francesi. Persino Quintino Sella passa per inglese quando nel 1854 scala il Breithorn: «L'inglese di Biella», dice la sua guida quando lo presenta. Tipi singolari, queste guide: con il loro orgoglio locale e la loro dignità contadina accompagnano i viaggiatori dimostrando una sorta di ossequiosità altezzosa che, alla loro ricca clientela, deve fare uno strano effetto.

All'inizio, anche sul versante di Zermatt le guide erano gente semplice, ingenui contadini. Svolgevano per lo più incarichi come portatori, e se c'era ghiaccio dovevano precedere i clienti scavando dei gradini con le loro braccia decisamente più forti di quelle degli uomini di città. Trasportando l'equipaggiamento e facendo da apripista riuscivano a guadagnarsi qualcosa; e ben presto si sentirono delle vere e proprie guide, perché in alta montagna erano il più delle volte superiori ai turisti.

Per le guide di Chamonix, che hanno grandi nomi, all'inizio i giovani della Valtournenche non sono altro che facchini. Loro si sentono superiori a tutti i loro colleghi delle Alpi. Specialmente per quanto riguarda il compenso. Gente famosa come Michel

Payot, Jean Tairraz, Michel Croz, Gédeon Balmat e Jean-Pierre Cachat non sanno arrampicare meglio di Carrel, però coi turisti ci sanno fare. Presto, tuttavia, si inizia a parlare con riguardo anche di alcune guide della Valtournenche, tanto che alcuni turisti le prediligono rispetto a quelle di Zermatt: sono Joseph Bich, una delle più anziane; Augustin Pelissier; Antoine Gorret, padre dell'abate Amé; Pierre e Gabriel Maquignaz; e soprattutto Jean-Antoine Carrel, appassionato cacciatore e scalatore che nell'agosto del 1862 ha accompagnato Tyndall fino alla spalla del Cervino.

Jean-Antoine Carrel! Ha preso parte alla Campagna di Novara, combattuto sui colli di San Marino contro l'esercito di Radetzky e, ai piedi del Cervino, è diventato un'abile guida. Agisce di propria iniziativa. Benché sappia che tutte le montagne più alte siano irte di seri pericoli, non è la follia a motivarlo, né la fame di stranieri che gli diano del denaro. Il suo sogno è la cima del Cervino. E non gli servono spiegazioni. Vuole salirci per primo, punto. Con la gente della sua valle. Perché, con lui, cresce anche una piccola schiera di scalatori locali che si fidano l'uno dell'altro e che preferiscono arrampicare insieme. Sono stati malgari, cacciatori, mulattieri o anche contrabbandieri, e rimangono tali anche da guide. In un primo momento questi *montagnards* tenaci e abituati alla vita semplice guardano con sospetto agli stranieri che giungono nella loro valle da città lontane. Non sanno stimare le loro ricchezze, ma il carattere sì: gli stranieri lo rivelano al primo temporale e nei passaggi difficili. Hanno un atteggiamento nei confronti della montagna che denota timore e rispetto, un'umiltà nei confronti della natura coltivata sin dall'infanzia. Il loro orgoglio locale non ha niente a che fare con l'egoismo, ma nemmeno con l'idealismo, bensì con la responsabilità personale.

A Zermatt ci sono due locande: la Monte Rosa, gestita da Alexander Seiler, e la Mont Cervin di Josef Anton Clemenz. Gli ospiti sono principalmente giovani dell'alta società anglosassone che gareggiano gli uni contro gli altri nella disciplina sportiva del *mountaineering*. Come se scalare le più alte tra le vette alpine fosse una conquista particolarmente aristocratica.

17

Nell'estate del 1864 sembra che sul Cervino regni la quiete. Il tempo è piuttosto brutto, c'è molta neve. A Zermatt c'è il geologo italiano Felice Giordano, che si riempie le tasche di sassi e il diario di viaggio con gli schizzi sull'eccezionale struttura di quella piramide rocciosa. I suoi appunti barometrici e geologici si possono leggere anche come le osservazioni di uno scienziato che persegue obiettivi alpinistici. Durante il viaggio di ritorno dalla sua scalata del Bianco, che ha affrontato dal Colle del Gigante passando per il Tacul – quasi volesse dimostrare ai colleghi italiani che si poteva conquistare la cima più alta delle Alpi anche da Courmayeur – vede per la prima volta il Cervino: *magnifico, un vero obelisco irregolare, minaccioso.*

Al lago Riffelsee fa un disegno nel quale segna il punto che corrisponde all'altezza della spalla sulla cresta sud-occidentale del Cervino. Punto dove fino a quel momento si era giunti dalla parte opposta, scrive subito accanto. E nel diario: *dalle informazioni avute,* [i Carrel e Tyndall] *sono saliti per la faccia ovest a quasi 150? metri dalla sommità. Per salirlo si dovrebbero fare lavori e scalini nella roccia per circa 30 metri di altezza; occorrono 8 a 10 giorni, un tre o quattro scalpellini e dare loro 20 lire al giorno* È questa la strategia di Giordano per una scalata italiana del Cervino.

Mentre attraversa il Teodulo per parlare con Jean-Antoine Carrel al Giomein, lo incontra sul passo: *Carrel, guida di Valtournenche che tentò il Cervino e parlò a Sella*, c'è scritto nel suo diario.

Quintino Sella – geologo, ministro delle Finanze e primo presidente del Club Alpino Italiano – convoca Carrel a Biella. E la guida torna a casa con la richiesta, anzi l'incarico, di preparare la salita in vetta per lui, Sella. Nell'estate del 1865 dovrà tenersi a disposizione per la spedizione del CAI. Felice Giordano incontra di nuovo Carrel al Giomein: *passato tutta una sera al Giomein col Carrel e col canonico Gorret*, annota nel suo diario. Per parlare della conquista del Cervino? E di cosa, se no.

Pochi giorni dopo, a Biella, Giordano partecipa al congresso della Società Italiana di Scienze Naturali e alloggia, come sempre in quelle occasioni, nella dimora dei Sella. La sera, davanti a una buona bottiglia di Barolo, l'argomento di conversazione tra i due è la scalata del Cervino in programma. Quintino Sella è a conoscenza dei tentativi di Tyndall, e un esempio di emulazione patriottica lo spingeva ora contro quei campioni stranieri che egli ammirava e l'esempio dei quali si proponeva non andasse perduto per i giovani italiani. Quella vittoria alpinistica deve incarnare, dunque, anche una «vittoria italiana». L'alpinismo del Paese ha bisogno di un colpo di scena del genere.

Giordano deve preparare e guidare la grande impresa sul posto. In fondo Sella vede in lui il tipico alpinista di stampo moderno che, oltre alla difficile scalata, ha in mente anche obiettivi scientifici. Quanto a lui, ministro dell'Italia unita e in quel periodo occupatissimo, arriverà più tardi.

Dopo che Tyndall si è tirato indietro, rimangono in gioco soltanto Whymper e la squadra Carrel-Giordano. Grazie a Carrel, il piemontese si considera in vantaggio. Whymper, invece, che dal Breuil ha più volte fallito, nutre dei dubbi sulla via di Carrel. Lui progetta la salita lungo un'altra via. Si chiede se la struttura stratificata delle rocce sulla parete est non possa essere più favorevole. Anche la pendenza gli sembra minore. Ma certo! Il versante orientale, verso la cresta dell'Hörnli, è più facile! Da lì sì che dev'essere possibile arrivare fino in cima. Michel Croz, la famosa guida di Chamonix che ha accompagnato Whymper durante la prima, difficile scalata della Barre des Écrins nelle Alpi del Delfinato, accetta la sfida.

18

Nel frattempo Whymper ha capito e accettato il suo limite, ovvero quello di non essere uno scalatore autonomo. Perciò vuole imparare a salire sulle montagne come Carrel, prendendosi la responsabilità di se stesso, e diventare altrettanto esperto da poter decidere da solo la via fidandosi soltanto delle proprie forze.

Ne sarà capace? All'ambizione di conquistare per primo la vetta si aggiunge dunque il desiderio di affrancarsi dalle guide. Per riuscirci sfrutterà l'estate del 1864 e quella del 1865. A Londra legge molti racconti di esperti alpinisti e studia le loro sconfitte per imparare a evitare i loro stessi errori. Sa che in montagna, come ovunque, il successo non è un caso, e che all'origine del fallimento ci sono sempre anche colpe umane. D'altronde, è l'uomo che sbaglia, non la montagna. Ogni sconfitta è anche un insegnamento, che spesso dura più del successo e torna utile la volta seguente.

L'Aiguille Verte, un quattromila a est di Chamonix, svetta nel cielo come una piramide bianca. La sua cima è inviolata, e ha subito già venti assalti, prima che Whymper la metta nel suo mirino.

« No, non ancora scalata », dice Croz quando si incontrano a Chamonix.

« Perché no? »

« Un mucchio di tentativi falliti. »

« Da parte di turisti inesperti? »

« Non solo, sembra che anche le guide abbiano rinunciato alla prima difficoltà. »

Whymper sa che le guide di Chamonix cercano di attrarre ricchi turisti – che ambiscono soprattutto alla vetta del Monte

Bianco in cerca di gloria –, per spennarli. Ecco perché prende in giro la categoria: «Una Verte inviolata è una fonte di guadagno più redditizia di una già scalata».

Per il solitario inglese, il verdetto «non scalabile» è una sfida. Tuttavia, nonostante i suoi successi, per colpa del carattere ostinato e del suo disinteresse per le convenzioni sociali – a cena non si presenta in giacca, ma in pullover – non ottiene tra i connazionali dell'Alpine Club l'atteso riconoscimento: «Ambizione troppo grande, budget troppo piccolo», dicono di lui. Anche le guide, che Whymper critica spesso e volentieri, lo guardano con scetticismo. Perché si interessa soltanto di montagne che non sono ancora state conquistate da altri, come la Verte? Non è né Lord né professore, bensì incisore, di modeste origini. Per molti resta un enigma. Si sa che viaggia su incarico di un editore inglese, in Svizzera, in Francia, per illustrare con le sue litografie un libro sulle Alpi. E di colpo è diventato uno scalatore ambizioso, che però cambia troppo spesso guida.

Il 14 giugno del 1865 Whymper incontra la guida svizzera di Grindelwald Christian Almer, detto «Isegrind». Poco dopo arrivano Michel Croz, di Le Tour, nella valle di Chamonix, e Franz Biner. Whymper è entusiasta: *È praticamente impossibile trovare due guide che insieme lavorano meglio di Croz e Almer. Certo, Croz parla solo francese e Almer poco più che tedesco e basta, ma Biner parla entrambi ed è utile soprattutto per questo.* Lo stesso Whymper parla abbastanza bene francese, un po' di tedesco e quella lingua delle guide – l'inglese alpino – che gli consente di far domande ai locali. Il 16 giugno la squadra riesce a portare a termine la prima scalata del Grand Cornier, quasi quattromila metri d'altezza.

Il 20 giugno Whymper sale con Croz sul Corno del Teodulo; indica alla sua guida la via di salita, lungo la quale spera di poter finalmente conquistare la vetta del Cervino. *Anziché seguire la cresta sud-ovest, voglio salire nella gola destra della parete sud, lasciarmela sulla destra oltre le rampe e arrampicare in diagonale fino all'attacco della Becca sulla cresta dell'Hörnli.* Un piano audace, una proposta che nessuna guida può prendere sul serio. Croz, invece, accetta.

Negli anni dei suoi tentativi al Cervino, la predilezione di Whymper per neve e ghiaccio è aumentata, mentre le creste gli danno sempre meno soddisfazione. A questo si aggiunge la seguente convinzione: *da Zermatt la montagna appare più ripida di quello che realmente è. Dal Riffelberg o dal Gornergrat il Cervino sembra tremendamente ripido soltanto perché le sue creste si vedono di profilo.*

«Perché, sul versante est, in alcuni punti c'è neve tutto l'anno?» chiede Whymper.

«Hanno scarsa pendenza», gli spiega Croz.

«Quarantacinque gradi al massimo», scherza Whymper.

«Dalle malghe di Stafel si torna a vedere la montagna sotto un altro profilo.»

«Da lì sembra piatta.»

«Apparentemente», precisa Croz.

«La parete est, se si sta tra il ghiacciaio di Zmutt e quello del Cervino, è ben valutabile, forse una pendenza di quaranta gradi.»

Sa inoltre che, in direzione est, le rocce stratificate del Cervino salgono, mentre dal Colle del Leone fino alla vetta scendono e sono difficili da scalare. I margini dei gradini strapiombano e, in generale, l'ardesia metamorfica è problematica.

«Per noi scalatori, la stratificazione rocciosa sulla cresta sudovest è meno favorevole di quella a est», aggiunge in seguito Whymper.

«Sicuramente», conferma Croz.

«È dai tempi di De Saussure che si sa che gli strati salgono formando un angolo di circa quarantacinque gradi verso nordest.»

«E perché il signore lo scopre soltanto ora?»

«Solo dopo il mio fallimento di due anni fa, sulla cresta sudovest, ho capito di aver tentato dal versante sbagliato.»

«Per questo vuole affrontare l'altra cresta, quella opposta?»

«Sì, perché è più facile da scalare.»

Whymper crede di avere in pugno il segreto per compiere la prima scalata del Cervino. Se però il versante est fosse stato una scalinata naturale alta milleduecento metri, con dei gradini inclinati verso l'interno, allora la montagna sarebbe già stata conquistata da tempo. Sì, quando c'è neve fresca si possono individuare delle linee trasversali che corrono abbastanza parallele l'una all'altra, ma la cresta non ha sicuramente la forma di una scala.

Dopo il sì di Croz, Whymper osa proporre l'ascensione alle guide Almer e Biner passando sopra al canalone, dal ghiacciaio del Cervino fino alla cresta nord-est: «Il canalone fino all'estremità superiore, poi avanti lungo la cresta e quindi dall'altra parte, sul versante est. Un traverso sul grande nevaio per poi raggiungere la cresta nord-est. Infine, oltrepassando rocce ripide e neve sul versante nord, la vetta».

Tutti e tre hanno seguito con attenzione la descrizione della via proposta da Whymper. Annuiscono.

«La strategia è buona», dice uno.

Gli uomini scendono verso il Breuil, dove ingaggiano come portatore Luc Meynet, il Gobbo. Whymper conta di impiegare tre giorni.

«Primo bivacco sulla testa di roccia sopra il canalone.»

«D'accordo», dice Croz.

«Il secondo giorno in vetta, poi ritorno alla tenda.»

«Troppo», pensa Almer.

«In ogni modo, il terzo giorno scendiamo al Breuil.»

Nella cucina di Favre si preparano viveri per tre giorni.

Il 21 giugno del 1865 partono in cinque, direzione Colle del Breuil. Subito sotto piegano ad angolo retto a sinistra verso il canalone. Più si avvicinano, più il terreno sembra pianeggiante. C'è molta neve. Protetti dalle rocce, salgono prima sul bordo destro del canalone innevato, a tratti anche su terreno roccioso. Mentre le guide fanno una prima sosta, Whymper sale su una sporgenza rocciosa per vagliare il tratto successivo della via: il canalone innevato, che si insinua per trecento metri nel cuore della montagna, ora gli sta davanti come un imbuto gigante. Nota un paio di pietre che rotolano dall'alto e precipitano al centro del profondo solco. Non possono colpirlo. Poi, a un certo punto, una massa imponente di detriti precipita con balzi enormi.

« Attenzione, sassi! » grida.

Le guide, intente a mangiare e a chiacchierare, all'inizio non si accorgono del frastuono provocato dai grossi pezzi che si sono staccati dalla parete duecentocinquanta metri sopra di loro e che, superato uno spigolo, si infilano nel canalone per finire a schiantarsi più giù, contro le rocce. Si rompono, rimbalzano e sibilano saltando da una parte all'altra del canalone. Compiendo balzi di trenta metri, quella pioggia caotica e mortale precipita sulla neve: i boati degli impatti riecheggiano più volte.

Nel frattempo le guide sono scappate, nascondendosi sotto le rocce sporgenti. Il cosciotto di montone è stato trascinato via, l'otre di vino si è svuotato, i cinque uomini si fanno piccoli piccoli. È l'inizio della fine.

« Non ci resta che fare marcia indietro! » grida Almer quando il pericolo è passato.

« Indietro? » chiede Whymper. Prima vuole ancora scalare le rocce sopra di sé.

« Impossibile », fa Croz.

Ma l'altro inizia ad arrampicare. Come se non volesse scendere senza aver prima fatto almeno un tentativo. Dopo pochi minuti, però, ecco che già torna.

« Troppo pericoloso », ammette.

Almer, trenta metri più in basso, scuote il capo. Biner non si vede. Soltanto Croz tiene d'occhio il suo signore, e soltanto il Gobbo sarebbe pronto a seguirlo.

« È inutile », dice a Whymper.

« Hai ragione », ammette l'inglese a malincuore.

Whymper ha fallito ancora. Ma il giorno successivo è di nuovo pronto: vuole salire il Cervino dal Colle del Breuil, passando per il versante est. Ormai il venticinquenne insegue il suo obiettivo come un forsennato. Ancora una volta invano: il ghiacciaio si è molto ridotto, a sud si stanno accumulando nuvole scure e poi

G. Doré

tira un forte vento. Eppure non vuole arrendersi. Nonostante le sue guide abbiano perso tutte le speranze.

«Perché non tentate con una montagna che si può scalare?» domanda Almer, ironico.

Whymper gli fa un cenno, deluso, perché non riesce a condividere quell'atteggiamento.

«Dovete arrendervi, il Cervino è impossibile», gli dice Biner.

«Impossibile soltanto se non ci proviamo» replica l'inglese.

«Tutto, mio signore, ma non il Cervino!» dichiara Almer in tono di scuse.

«Ancora un tentativo», li prega Whymper.

«Se ci spostiamo sull'altro versante, perdiamo tre giorni», osserva Croz.

Whymper lo sa, ma non dice più nulla.

«Sul Cervino non combiniamo niente», aggiunge la guida, convinta che Whymper possa ricredersi.

«Impossibile! Assolutamente impossibile!» esclama Biner.

«Non volevate tentare delle scalate nella zona del Monte Bianco, salite che mi paiono più ragionevoli?» prova infine ad allettarlo Croz.

«Voi non mi capite: sul Cervino, io voglio rendere possibile l'impossibile.»

«Io però posso accompagnarvi solo più avanti. Il 27 devo essere a Chamonix», risponde l'altro. «Ho altri impegni.»

Whymper tentenna. Lui si fida di Croz e delle sue possenti braccia. Quando si mette a nevicare, scendono in silenzio, vanno dritti al Breuil e proseguono verso la Valtournenche, dove trascorrono la notte. Il giorno dopo scendono verso Châtillon, per poi dirigersi a Courmayeur.

Il 24 giugno riescono, quasi per caso, a scalare per primi le Grandes Jorasses partendo da Courmayeur. A Chamonix, Whymper e Croz si separano, perché la guida ha appuntamento con un altro cliente.

Il 29 giugno Whymper è in vetta all'Aiguille Verte. Con Almer e Biner. Un'altra prima! Al termine, dal Montenvers i tre traversano la catena del Bianco, raggiungono nuovamente Courmayeur passando per la prima volta sul canalone del ghiacciaio di Talèfre, e proseguono verso Aosta. Questo inglese non è uno che si fa mettere i piedi in testa, pensano le guide. Senza arrampicata, senza marcia forzata! Con lui, nelle ultime settimane, hanno coperto un dislivello di trentamila metri. Whymper è più in forma che mai, e vuole tornare sul Cervino. Adesso o mai più! Almer e Biner, invece, ne hanno abbastanza: non ne vogliono più sapere di quella montagna. Tornato al Breuil, l'inglese cerca Carrel. I due sono rivali, eppure rappresentano la cordata ideale. Whymper ammira la genialità di Carrel in montagna più di qualsiasi altra qualità: *la sua agilità, che contrasta con la mia goffaggine come i suoi movimenti con quelli dei camosci.*

Nei giorni successivi i due arrivano in cima al Grand Tournalin, sopra il paese di Valtournenche: quasi duemila metri in meno di quattro ore. Vogliono dimostrarsi reciprocamente la resistenza di cui sono capaci? Mettersi alla prova?

19

Torino, 7 luglio 1865

Caro Quintino! Parto per la nota destinazione armato assai poderosamente. Spedii già l'altro ieri una prima tenda, 300 mt. di corde, uncini e ganci di ferro, oltre a varie provviste di bocca per noi, una lampada ad alcool per scaldare acqua, the ecc.

Però tutta questa roba che pesa circa 100 ch. dovendo andare da Ivrea a Chatillon su carrettone non vi giungerà che stasera o domattina 8.

*Mandai pure L. 200 a Carrel onde prenda questi oggetti e li porti subito a Val Tournanche e a Breuil. Io sarò domani sera a V. Tournanche o Breuil per sorvegliare l'operazione. Porto meco altra tenda, 3 barometri, l'*Annuaire du Bureau des longitudes *ecc. Il tuo barometro è fra li 3.*

Giunto sul sito ti scriverò. Tu non devi pensare che al tuo individuo, cioè copricapo, 2 o 3 coperte ecc., poi sigari buoni, se puoi un poco di buon vino, ed anche qualche marenghino, perché io non potei recare meco che circa 3000 l.

Andiamo dunque ad attaccare questo monte del diavolo, e, se Wimper non ci precedette, guardiamo di finirla.

Felice Giordano ha preparato la sua impresa, la spedizione italiana, sin nei dettagli: ha fatto delle prove sulla tenuta delle corde e ha comprato delle tende. L'8 luglio si vede con Carrel a Valtournenche, in presenza di altre tre guide: César Carrel, Charles Gorret e Jean-Joseph Maquignaz, di ritorno da una ricognizione sul Cervino, perché il tempo era peggiorato.

Prima, però, Carrel ha parlato ancora una volta con Whymper, offrendosi di accompagnarlo in un tentativo dal versante svizzero. Fino a giovedì massimo, 11 luglio, è in parola con lui, purché il tempo migliori. Ma nei giorni concordati, ciò non avviene. Salire sarebbe inutile. L'inglese sa bene quanto lui che, in condizioni di maltempo, il Cervino non può essere scalato. E così Carrel si sente libero di accettare l'incarico di Sella e Giordano, senza con questo mancare alla parola data a Whymper. Deve preparare il Cervino per loro, scavando gradini che facilitino la salita.

Quando, il mattino del 9 luglio, Whymper scende in Valtournenche, scorge un gruppo di persone fra cui Carrel, che è in compagnia di un signore straniero. Viaggiano con molto bagaglio. Carrel gli spiega che a partire da mercoledì 12 luglio non potrà più servirlo. Ha altro da fare.

«Con chi?» gli chiede Whymper.

«Con una *famille de distinction*.»

«Perché me lo dici soltanto ora?»

«Non si sapeva la data precisa del loro arrivo.»

«Ma io te l'ho chiesto per primo.»

«No, questo impegno lo avevo preso già da mesi, molto prima che voi veniste in Valtournenche.»

«Domani si parte», dice Whymper in tono di comando.

«C'è cattivo tempo, non si può.»

Adesso Whymper non ha più una guida, anche se la sera è con Carrel a bere vino e a raccontarsi aneddoti, come amici di vecchia data. Whymper non immagina ancora cos'abbiano in mente Giordano e Carrel.

Giomein, 11 luglio. Le guide sono partite di mattina presto, dunque la spedizione italiana è ufficialmente cominciata. Dovrà rendere accessibile la via fino in vetta per Quintino Sella e per il regno d'Italia.

Whymper, ancora convinto di avere Carrel in pugno, va su tutte le furie. L'italiano paga meglio? Carrel ha tradito il suo allievo per una questione di soldi? Il suo rancore è comprensibile, ma il tradimento non c'entra. Carrel e i suoi non hanno niente da farsi rimproverare. Non erano certo tenuti a spifferare ai quattro venti i piani di Giordano. Non è corretto accusare gli italiani di perfidia, quando Carrel ha mantenuto la promessa siglata con una stretta di mano. Solo il maltempo ha mandato a monte il tentativo discusso insieme. Giordano, dal canto suo, non sa ancora niente della passione di Carrel, anzi della sua ossessione per il Cervino. Lui conosce la geografia, la morfologia della montagna, ma non il desiderio e la devozione del suo aiutante, che ora deve preparare a lui e a Sella la via per la vetta. E nei giorni seguenti aspetta tranquillo di sapere se ci è riuscito.

La sera, nella locanda del Breuil, *ai piedi del Teodulo, 11 luglio*, Giordano scrive a Sella:

Caro Quintino!

È tempo che ti dia notizie di qui. [...] Io ero a Val-Tournanche sabato 8 a mezzodì. Vi trovai Carrel reduce da un'esplorazione che voea fare al Cervino, ma che mancò, causa il cattivo tempo. Whymper era giunto due o tre giorni prima, ed al solito voleva andare su, ed aveva impegnato Carrel, il quale, non avendo ancora le mie lettere, avea accettato, condizionatamente però a pochi giorni. Per fortuna il tempo divenne cattivo. Whymper non poté fare il suo nuovo tentativo e Carrel si disimpegnò, venendo con me, insieme ad altri 5 uomini scelti che sono le migliori guide della Valle. [César Carrel, figlio di Jean-Jacques, Charles Gorret, fratello dell'abate Gorret, e Jean-Joseph Maquignaz, di professione scalpellino]

Si organizzò subito la spedizione preparatoria [...] con Carrel a capo. Per non dare nell'occhio, portammo le corde ed altri oggetti in un casolare che è assai rimoto, sotto al Cervino [ad Avouil] e quello sarà il basso quartiere generale. Dei 6 uomini, 4 lavoreranno in su e 2 serviranno di continuo come portatori, cosa che è almeno altrettanto difficile. Io mi stabilii pel momento al Breuil 2000 m.

Il tempo, *il nostro Dio terribile, e da cui dipenderà tutto, fu sin'ora variabilissimo e piuttosto cattivo; ieri mattina ancora nevicava al Cervino, ma ieri sera (10) si rasserenò.*

Nella notte (10-11) partirono li 6 uomini con le tende ecc., e spero che a quest'ora saranno già assai in alto. Il tempo però si volge nuovamente alle nebbie ed il Cervino ne è ora coperto; ma spero siano passeggere.

Il tempo permettendolo, cioè facendo bello, spero che in 3 o 4 giorni saprò bene su di che fare conto.

Carrel disse a me di non salire ancora, prima che mi mandi ad avvertire; egli naturalmente vuole assicurarsi delle ultime punte. A vederle di qui non mi paiono poi assolutamente inaccessibili, ma prima di dirlo bisogna toccarle; e perciò è necessario anche il vedere se si potrà stabilire un bivacco in sito molto più elevato di quello a cui si limitava il Whymper.

Appena poi io saprò qualche cosa di favorevole, manderò un espresso a S. Vincent, prima stazione telegrafica con un dispaccio di poche parole; tu allora vieni subito *[...]*

Intanto alla ricevuta della presente fa il piacere di scrivermi due righe di risposta per una mia norma qualunque, perché sono qui in mezzo alle difficoltà, cioè al tempo, *alla* spesa *orribile (bisogna pagare gli uomini 20 l. cad. al giorno di lavoro e mantenerli), ed al Whymper.*

Io ho ben cercato di tener tutto nascosto, ma quest'individuo, la cui vita sembra dipenda dal Cervino è qui insospettito che sta spiando il tutto. Io gli presi tutti gli uomini capaci, contuttociò è tanto acceso per questo monte che può andare su con altri o fare qualche scena. Esso è qui nello stesso albergo, ma io cerco di non parlargli. Insomma io farò il possibile perché la cosa riesca bene, e lo spero purché Eolo ci favorisca! [...]

Non ti scrivo altro in attesa di poter fra poco mandarti un buon segnale. Desidero che queste notizie alpine ti sollevino un poco dall'afa torinese e ministeriale.

In questi giorni il ministro Sella è alle prese con complessi provvedimenti finanziari, ai quali si aggiunge il trasferimento della capitale del regno d'Italia da Torino a Firenze. No, non sono i costi della spedizione a preoccuparlo, è la politica a non lasciargli tempo per la montagna. Come può un ministro scalare il Cervino così, tra una cosa e l'altra?

Mentre Whymper segue col binocolo i movimenti di Carrel sulla montagna, Giordano si considera già in vantaggio. Trascorre il tempo aspettando e facendo escursioni accompagnato da Amé Gorret, giovane vicario di Cogne. Insieme discutono molto, raggiungono il Colle del Teodulo e scalano un paio di vette vicine. Giordano disegna, effettua rilevazioni barometriche. Nel frattempo punta il binocolo verso il Cervino. In continuazione!

Senza Carrel, invece, Whymper è incapace di agire. Però non rinuncia al suo obiettivo. Gli ausili che Carrel sta posizionando ora, alla fine potrebbero aiutare anche lui a conquistare la vetta. Anche le cattive condizioni atmosferiche, di fronte alle quali Carrel si ferma, potrebbero giocare in suo favore.

Improvvisamente, però, l'inglese decide di fare i bagagli. Vuole andare a Zermatt? si chiede Giordano. Per arrivare in cima dall'altro versante? Prima degli italiani? La cresta nord-est è la sua ultima carta.

20

L'11 luglio Whymper è in piedi davanti alla locanda, guarda dentro al cannocchiale: osserva una compagnia che sta salendo su per i pascoli in direzione del Cervino.

«Cosa succede lassù?» chiede, agitato, a Favre, l'oste che gli sta accanto.

«Una spedizione italiana sta tendando la conquista del Cervino.»

«Chi è la loro guida?»

«Carrel.»

«Jean-Antoine?»

«Sì, Jean-Antoine Carrel.»

«C'è anche César?»

«Sì.»

Così Whymper viene a sapere che l'impresa è stata organizzata molto tempo prima: il tentativo di Carrel del 6 luglio era una ricognizione, e il mulo, che il 9 ha portato i viveri in montagna, parte dell'impresa.

«Quelli non combineranno un bel niente», dichiara sprezzante.

«Perché dite così?»

«Anche le guide di Valtournenche lavorano solo per i soldi e non per la gloria, come le guide svizzere.»

«Il distinto signore dietro di voi», gli sussurra Favre, «è Giordano. Ha ricevuto l'incarico dal ministro Sella di individuare e preparare una via per la vetta. Con scale, gradini e corde fisse.» Ogni parola del locandiere trasuda cinico compiacimento.

Whymper sale in camera sua, fuma un sigaro e medita su come superare gli italiani. Un mulo carico di provviste significa zavorra e quindi perdita di tempo. Deve agire all'istante: invia messaggeri in tutte le direzioni. Cerca portatori per il suo equipaggiamento. Invano: non c'è nessuno. I migliori sono già sulla montagna, al Breuil non ci sono mulattieri e Meynet, il Gobbo, sta facendo il formaggio. Per fortuna la montagna è ancora avvolta nella nebbia.

Ci metteranno almeno una settimana per arrivare davvero in alto, calcola Whymper. Quindi c'è abbastanza tempo per andare a Zermatt e fare un tentativo dal versante est. Se la via che ha pensato lui è giusta, in tre giorni sono su. In caso contrario, decide di tornare comunque al Breuil prima che gli italiani arrivino in cima. Bisogna essere più furbi dei furbi.

Verso mezzogiorno, Whymper avvista una cordata sotto al Teodulo: riconosce un giovane inglese insieme con uno dei figli di Peter Taugwalder. Sono partiti da Zermatt. Riuscirà a soffiare il giovane Taugwalder al suo connazionale?

«Sono Francis Douglas, fratello del marchese di Queensberry», si presenta l'inglese.

«Non avete forse scalato l'Obergabelhorn?» chiede Whymper.

«*Yes.*»

«*Gratulation!*»

«*Thanks.*»

«*What's next?*»

«Domani si torna a Zermatt.»

«Posso usare il vostro portatore?» gli chiede Whymper, schietto.

«Non c'è problema, io non ho bagagli.»

«Non è il figlio del famoso Peter Taugwalder?»

«Sì, il secondogenito.»

«Ho sentito parlare di lui.»

«Peter mi ha fatto una proposta.»

«Davvero?» ribatte Whymper, eccitato. «Novità dal Cervino?»

«Ha trovato una via di salita sulla cresta dell'Hörnli.»

«Sul serio ritiene possibile la scalata dal versante svizzero?»

«Sì.»
«È per questo che siete qui, Lord Douglas?»
«Sì.»

I due si mettono presto d'accordo: affronteranno insieme l'avventura. Favre manda con loro uno dei suoi uomini e così, molto carichi, superano il Colle del Teodulo e il ghiacciaio del Furggen e salgono fino alla piccola cappella dello Schwarzsee, dove depositano l'equipaggiamento di Whymper: tenda, corde, coperte. Le corde sono di due tipi, più di centosessanta metri in tutto: spesse corde di manilla, una da sessanta metri e l'altra da quarantacinque; e poi sessanta metri buoni di una corda più leggera.

Per Whymper la cresta dell'Hörnli rappresenta l'ultima chance. Come Taugwalder padre, sa che la parete est sembra più ripida di quello che è. La cresta lo è veramente solo sopra la spalla. Troppo?

21

La mattina del 12 luglio, Giordano sale alla malga di Avouil e scopre che la sera prima sono stati lì anche due uomini di Carrel per prendere delle provviste. Gli dicono che poi sono tornati immediatamente sulla montagna. I pastori raccontano che, nel frattempo, Carrel è salito fin sotto alla spalla per piazzare la tenda più in alto possibile.

Il 13 luglio, al Giomein, Giordano guarda nel cannocchiale: no, non si sbaglia! Dalle rocce della vetta pendono dei ghiaccioli di notevoli dimensioni. È deluso, anzi, sconvolto. In quelle condizioni Carrel non può fare niente, e Whymper è in giro chissà dove, forse già in alto, sull'altro versante della montagna.

Carrel e i suoi continuano la salita. È Luc Meynet a vedere le guide. «Lavorano sotto la cima della spalla.»

È una serata magnifica: aria leggera, montagna dai contorni netti, il cielo punteggiato di stelle. Giordano spera che Carrel lo mandi a prendere. Vuole esserci anche lui quando il Cervino verrà conquistato. Quella notte rimane sveglio, non riesce a dormire. È sicuro che verranno a prenderlo. E saliranno alla vetta!

Nessuno, sul versante italiano del Cervino, sa che Whymper ha già iniziato l'ascensione lungo la cresta dell'Hörnli.

La sera del 14 luglio, Giordano scrive, colmo di orgoglio, al ministro Sella:

Albergo di Breuil, 14 luglio 1865

Caro Quintino

Con un espresso ti mando un dispaccio a S. Vincent, distante di qui 7 ore di cammino; intanto per sicurezza ti mando anche la presente.

Oggi alle 2 del pom. con un buon cannocchiale vidi Carrel

e socii sulla estrema vetta del Cervino; con me lo videro molti altri, dunque il successo pare certo, e ciò malgrado vi sia stato ier l'altro un giorno di pessimo tempo che coprì la montagna di neve.

Parti dunque subito se puoi, od altrimenti telegrafami a S. Vincent.

Whymper era andato a tentare dall'altra parte, ma credo invano.

Figurati che non so nemmeno se sei a Torino: io non ho più da 8 giorni notizia alcuna di costà. Scrivo dunque al caso. Se tu non vieni o non telegrafi entro domani, io ascenderò per piantare là la nostra bandiera, per la prima; è una cosa molto essenziale.

Giordano prova orgoglio, eccitazione e timore. Ma è anche offeso, perché Carrel non ha mandato nessuno a prenderlo per portarlo in vetta. Perché aveva troppa fretta? Oppure vuole la gloria tutta per sé?

22

Giunto la sera del 12 luglio a Zermatt, Lord Douglas cerca Taugwalder padre. Siedono in soggiorno, e Douglas gli spiega la situazione: «Carrel è sull'altro versante del Cervino con le guide della Valtournenche. Molto in alto! Per il momento insistono nuvole dense e neve, che ritardano l'ascensione. Forse riusciamo a superare gli italiani».

«Forse», dice Taugwalder, lapidario. «In ogni caso gli serve una seconda guida!»

In questo momento arriva Whymper, che aspettava davanti alla tetra casa di legno, sul sagrato della chiesa, dove Taugwalder abita con la sua famiglia.

«I signori si conoscono?» chiede Taugwalder.

«Sì, vogliamo scalare insieme il Cervino», risponde Douglas.

«Con me come unica guida?» Pausa. «Impensabile!»

«Io non ho bisogno di guide», ribatte Whymper.

«È un problema», commenta Taugwalder. «Quando un ospite vuole fare senza guida, io sono comunque responsabile. Anche per lui.»

«Arrampico volentieri da solo.»

«Non sotto la mia responsabilità», lo interrompe Taugwalder. Poi fa un cenno col mento in direzione di Whymper e gli chiede, scettico: «Questo inglese è adatto a fare da guida?»

«Siamo tutti e due scalatori autonomi», lo rabbonisce Douglas. «Certo non guide, ma che differenza fa?»

«E sulla montagna, chi decide?» vuole sapere Taugwalder.

«Noi due», risponde Whymper.

«In albergo comandano i signori, sulle montagne le guide!» dichiara Taugwalder.

«Io in montagna voglio poter dire la mia», ribatte l'altro.

«La guida, lo dice la parola stessa, guida. Si assume gran parte delle responsabilità, quindi spetta a lei decidere.»

Taugwalder sa che Whymper non chiude facilmente il becco, ma anche che sa arrampicare. Nonostante ciò, non vuole farsi trattare come un portatore da due inglesi poco più che ventenni. «Dovreste cercarvi una guida vostra», conclude.

«Peter è eccellente quando si tratta di prendere decisioni», dice Lord Douglas per calmare gli animi. «Una guida di prima categoria.»

«Lo so», risponde Whymper, per buttare acqua sul fuoco.

A quell'ora arriva all'Hotel Monte Rosa un altro aspirante al Cervino. Monsieur e Madame Seiler, i proprietari, lo attendono all'ingresso dell'albergo: si tratta del reverendo Charles Hudson. Si conoscono da undici anni, dalla sua prima scalata della Punta

Dufour. È al religioso inglese che devono gran parte dei loro ospiti stranieri.

Il reverendo riserva per sé e per il suo giovane accompagnatore di nome Hadow due stanze e fa un saluto. «Purtroppo Mr Kennedy è dovuto rientrare in Inghilterra per motivi di lavoro», dice per scusare l'amico che, nell'inverno del 1862, aveva fallito sul Cervino.

Un attimo dopo Hudson sta già salendo con Hadow all'Hubel, subito dietro all'albergo, e da lì prosegue per l'Hochlicht, un pascolo dal quale potranno godere della miglior vista sul Cervino. Il tutto ancor prima di aver cenato.

Nel frattempo anche Whymper si è avviato verso l'albergo Monte Rosa e, sul muretto dove le guide sono solite sedere quando aspettano clienti, riconosce una sua vecchia conoscenza. Da non crederci: quello è Michel Croz!

«Sei l'ultima persona che avrei immaginato di vedere a Zermatt», gli dice.

«A Chamonix ho aspettato a lungo e invano il signor Birkbeck.»

«È successo qualcosa?»

«La malattia lo ha costretto a tornare in Inghilterra.»

«E poi?»

«Ah, Mr Kennedy, quello che alla fine mi aveva ingaggiato, è dovuto tornare a Leeds.»

«E adesso?» gli chiede Whymper, eccitato.

«Sono qui con Mr Hudson. È salito con il suo accompagnatore, Mr Hadow, per vedere il Cervino. Vogliono studiare bene la cresta dell'Hörnli», spiega Croz con un certo imbarazzo.

«Ma tu non ne volevi più sapere niente del Cervino, o sbaglio?»

Croz cerca di dissimulare il proprio disagio.

«Possibile, sì.»

«Vogliamo fare questa scalata, ora che è possibile?»

Croz ride sotto i baffi.

«E allora?» lo incalza Whymper.

«Sono stato ingaggiato da Hudson.»

«Cos'è, all'improvviso tutti vogliono salire su questa montagna?»

Anche Hudson non ci capisce più niente, quando scopre che a Zermatt c'è Whymper, proprio colui che gli ha soffiato la prima scalata della Verte! Dalla finestra della sua camera guarda il Cervino, con la parete nord striata dai raggi del sole al tramonto. Vede la silhouette della cresta nord-ovest, alla sua destra, come una lama tagliente. Dove saranno gli italiani? si chiede. «Quando domani Whymper e il giovane lord scozzese partiranno per la cresta dell'Hörnli con il vecchio Taugwalder, a me non rimarranno che le briciole», si rende conto. «Per l'ennesima volta.»

Quella sera si ritrovano nella sala da pranzo del Monte Rosa: Lord Douglas, il reverendo Hudson, Hadow e Whymper. Hanno un obiettivo, ma non una strategia condivisa, un'idea precisa. Per loro l'ideale sarebbe partire con le rispettive guide: Douglas con Taugwalder, Hudson con Croz. Soltanto Whymper non ne ha nessuna; dopo aver licenziato Almer e Biner, e incapace di trattenere Carrel, adesso si ritrova solo. Resta Peter Perren! Se solo potesse farlo apparire, con la bacchetta magica! Perren aveva più volte espresso il desiderio di partecipare alla prima scalata del Cervino.

«Peter Perren ha accompagnato dei turisti al Monte Rosa», lo informa Seiler.

«Allora perché non tutti insieme?» È Whymper ad azzardare la proposta.

La consultazione è breve. Vogliono partire già il mattino dopo.

«Hadow è forte abbastanza?» chiede ancora Whymper.

«Perché no?» fa Hudson.

«Cos'è che ha fatto nelle Alpi?»

«Mister Hadow ha scalato il Monte Bianco in un tempo straordinariamente veloce», gli risponde Hudson, orgoglioso.

«A parte quello?»

«Diverse salite del genere.»

«Roccia?»

« Poco. »

« Esperienza sufficiente? »

« Possiamo portarcelo. »

« Senza problemi? »

« Senza problemi! »

Dunque ci sarà anche Hadow. Resta un'ultima domanda: Croz e il vecchio Peter bastano come guide? Nessuno dei quattro inglesi lo mette in dubbio. In fondo Whymper, Douglas e Hudson si considerano loro stessi guide esperte.

« Croz e Taugwalder dovrebbero decidere da soli se e quanti portatori coinvolgere », dice Whymper.

« Intesi », risponde Taugwalder.

Ecco la decisione, presa la sera del 12 luglio 1865 nella sala da pranzo dell'albergo Monte Rosa di Zermatt: partenza per la prima scalata del Cervino, insieme a due guide e due figli della famiglia Taugwalder come portatori fino ai piedi della montagna. Testimone: l'albergatore Seiler.

Il 13 luglio vanno a prendere le corde nella cappella dello Schwarzsee. Croz e il giovane Peter, designato a guida, esplorano la parete est. Tutti pernottano ai piedi del Cervino. Il 14 luglio, di mattina presto, i sette uomini partono a ritmo spedito.

23

14 luglio 1865, mezzogiorno. Nella sala da pranzo del Monte Rosa viene servito il dessert – lamponi raccolti in montagna – quando il signor Seiler entra e annuncia: «Signori miei, sono sulla spalla del Cervino. Li si vede!» Gli ospiti corrono davanti all'albergo e fissano l'orizzonte. Poi indirizzano gli sguardi verso la cima del Cervino. Non vedono nulla. Soltanto una delle guide pensa di aver individuato, sulla superficie innevata della spalla, dei puntini neri che si muovono.

Quando la compagnia taglia dal versante est a destra, verso il fianco nord, raggiunge il punto chiave. Lì, Croz e Taugwalder cambiano l'ordine di cordata: Croz va da primo, seguito da Whymper, Douglas, Taugwalder figlio e poi Hudson; Hadow e Taugwalder padre sono gli ultimi. Il secondo figlio Taugwalder, che dopo il bivacco ha lasciato il gruppo diretto a valle, nel frattempo è tornato a Zermatt. Sulla montagna, Whymper deve farsi più volte aiutare da Croz a superare un ripido passaggio.

«La parte più difficile è stata superata», dice Croz quando raggiungono il nevaio della vetta.

«Il Cervino è nostro!» esclama Whymper.

Ora restano solo sessanta metri di dislivello nella neve compatta. Whymper sa che gli italiani sono partiti dal Breuil con quattro giorni d'anticipo. Saranno già passati di lì? Preoccupato che possano aver conquistato la vetta prima di loro, accelera il passo. Croz, lo stesso. Il terreno è abbondantemente innevato, e salendo diventa meno ripido. Croz si libera dalla corda, Whymper vuole imitarlo: deve staccarsi da Douglas, se vuole essere libero per lo scatto finale.

MAHONEY, DEL.

WHYMPER SC

Croz e Whymper cominciano una gara – un testa a testa – per la conquista della vetta.

«Niente orme!» grida Whymper che raggiunge la vetta un secondo prima dell'altro.

La cima, tuttavia, è una cresta lunga quasi cento metri. Che il punto più alto si trovi forse all'estremità opposta? In effetti la vetta nord sembra leggermente più alta di quella sud, ma ora Whymper si affretta a raggiungere anche quella. Senza difficoltà. E poi eccolo, con un tratto di corda girato attorno al petto, in piedi a gambe divaricate sulla vetta italiana, a distendere lo sguardo verso l'ampia alta valle del Breuil. Gli sembra quasi di essere sospeso nel nulla.

L'aria è tersa, le valli prive di foschia, le montagne tutt'attorno hanno sagome dai contorni netti, come fossero disegnate.

Ora Whymper lo sa: è il primo! Sembra tutto molto vicino: duemila metri sotto di lui, malghe dalle quali sale fumo blu, boschi neri, prati, cascate e laghi.

«Urrà! Urrà! Urrà!» grida Whymper. È un continuo «Urrà».

«Dove saranno?» si domanda Croz.

Whymper si china in avanti per poter guardare oltre le rocce, giù nell'abisso. Più in là, sulla cresta – non si sta sbagliando – ci sono delle persone! «Gli italiani, eccoli là sotto» grida. Whymper riconosce benissimo Carrel; agita le braccia, poi sventola il cappello. «Croz, vieni qui!»

«Quindi? Dove sono?»

«Là sotto.» Whymper indica la spalla sud.

«Ancora molto più in basso di noi», commenta Croz.

«Croz, quella gente deve vederci.»

I due uomini chiamano, gridano, gesticolano. Gli italiani si fermano, guardano in alto.

«Croz, ci hanno sentito.»

Whymper fa a Carrel un cenno. Incurante, Croz fa rotolare un sasso nel precipizio, e Whymper lo imita. Gli italiani cercano riparo. Poi, Croz e Whymper tornano verso l'estremità nord della cresta, dove gli altri li stanno aspettando.

«L'asta della bandiera», dice Croz piantando una delle stanghe della tenda dentro la neve.

«E la bandiera dov'è?»

«Qui», risponde Croz togliendosi la giacca a vento e legandola al bastone. Di vento non ce n'è.

24

« Urrà, abbiamo vinto! » grida la gente del Breuil.

« Urrà, i nostri sono in cima! » si sente dire davanti all'albergo Monte Rosa di Zermatt. All'una e mezzo, l'occhio di lince di una guida è già riuscito a individuare una sagoma umana sulla cresta sommitale. Poi una seconda, e una terza.

Nel frattempo, più persone nelle valli su entrambi i versanti del Cervino si sono accorte di quanto sta accadendo. Le si vede da Zermatt, dal Riffel, dalla Valtournenche.

« Sette », contano alcuni ospiti dell'albergo di Seiler. Anche con il binocolo, tuttavia, non si distinguono i dettagli.

« Tutti in cima, tutti sani e salvi alla meta! » Seiler è orgoglioso.

Le sagome in vetta scompaiono per un attimo, poi tornano. Gli ospiti dell'albergo rientrano nella sala da pranzo. Joseph Taugwalder, invece, resta ancora in strada, segue il percorso di suo padre e del fratello maggiore con il binocolo. Finché non scenderanno. Dopo un po', gli pare di vedere sotto di loro un vortice di neve.

« Padre, una slavina! » urla come per avvertirlo.

Seiler sopraggiunge di corsa e ora sono in due a guardare preoccupati verso la parete nord. È in ombra, non si vedono particolari, niente.

« Nelle calde giornate estive succede spesso », dice Seiler per consolare il giovane Taugwalder.

« I primi stanno scendendo », annuncia una volta tornato nel suo albergo.

25

Caro Quintino jeri fu una cattiva giornata e Whymper finì per spuntarla contro l'infelice Carrel. Whymper dunque come ti dicevo messo alla disperazione e visto Carrel salire al monte tentò un colpo dalla parte di Zermatt. Tutti qui ritenevano impossibile *assolutamente la salita da quella parte e Carrel pel primo: quindi eran tranquilli. Il giorno 11 questi (Carrel) saliva al monte e vi si attendava ad una certa altezza. La notte 11 al 12 e tutto il 12 tempo orribile e neve sul monte: il 13 tempo discreto e jeri 14 bello. Nel 13 si fece poco lavoro e jeri Carrel poteva essere alla cima e vi stava sotto forse 150 o 200 mt.; quando all'improvviso verso le 2 pom. vide Whymper con 6 altri già alla cima.*

Whymper deve aver promesso una somma notevole a varie guide di Svizzera se si sentivano di tirarlo su; ed avendo incontrata una giornata eccezionale vi riuscì.

Io avea bensì spedito un avviso al Carrel del tentativo di Whymper e di salir su ad ogni costo senza perder tempo ad aggiustare i passi; ma quell'avviso non giunse in tempo, e del resto Carrel non credeva alla possibilità della salita dal Nord.

Intanto ieri alle 2 h. pom. io avendo veduti uomini sul Cervino ed assicurato da tutti che era la nostra comitiva, ti spedii un telegramma di venir su ed una lettera.

Il povero Carrel quando si vide preceduto non ebbe più coraggio di seguitare, e ritornò giù con armi e bagagli. Giunse qui questa mane appena, ed allora è che ti spedii altro espresso con telegramma per fermarti.

Come vedi malgrado che tutti abbian fatto il loro dovere, questa è una piccola battaglia perduta: ed io ne sono oltremodo dolente.

Credo però che vi sia ancora una revincita; cioè che alcuno monti subito dalla parte nostra, ciò che dimostrerebbe tuttavia la possibilità dell'ascensione da questa parte, e Carrel crede sempre alla possibilità di salire. Mi arrabbiai con Carrel soltanto perché discese giù con tende corde e tutto quanto con tanta fatica si era già portato sino a 200 mt. sotto il vertice. Esso ne gettò la colpa sulla comitiva che erasi molto scoraggiata e sul timore ch'io non volessi più fare altra spesa.

Tuttavia credo che per non tornare col danno e le beffe bisognerebbe almeno fare quanto dissi sopra, cioè far piantare lassù la nostra bandiera. Cercai sin'ora di organizzare tale nuova spedizione, ma sin'ora ad eccezione di Carrel stesso ed un altro, non trovai persone di cuore su cui contare. Se ne troverebbero forse alcuni altri strapagandoli; ma io non credo poi conveniente di immergersi in una tale spesa; e poi se manca loro il cuore non si è nemmeno certi del risultato.

Perciò sto cercando di organizzare la partita in modo economico, e soltanto se questa non riesce vi rinuncerò, perché ora non ho più nemmeno la soddisfazione di salirvi in persona stanteché Carrel dice che per far presto e profittare del poco tempo conviene non avere viaggiatore alcuno insieme. S'aggiunge poi sempre la minaccia del tempo che è presso a poco sul variabile. Vedi quante tribolazioni!

Ieri la Valle Tournanche era già mezza in festa credendo che i nostri fossero saliti; ma oggi venne il disinganno. Il povero Carrel fa compassione; tanto più che una parte del ritardo proviene dalla sua idea che Whymper non avrebbe potuto salire dal Nord ossia da Zermatt.

Io procuro di fare come Terenzio Varone dopo la battaglia di Canne ed imploro soltanto qualche tua protezione per la parte finanziaria che a me è troppo grave.

Tuo F. G.

[Su una striscia di foglio aggiunta:]

Malgrado tutto l'avvenuto tu potresti ancora fare l'ascensione pel primo dal lato d'Italia se ne avessi il tempo; ma sin'ora Carrel non mi ha ancora potuto assicurare l'esito sino alla punta. È perciò che non ti ho più telegrafato. Forse verrò io fra due giorni a Torino.

Breuil 15 luglio 1865

I puntini, un gruppo di persone avvistato sul versante italiano sulla vetta al Cervino, erano dunque gli uomini di Whymper. All'inizio, al Breuil non giungono altre informazioni. Soltanto questo: quando Carrel sente le grida d'esultanza di Whymper e Croz, si trova assieme ai suoi sulla spalla, non lontano dall'ometto di Tyndall. Quando Croz vede dalla cima gli italiani sotto di sé, grida: «*Ah! Les coquins, ils sont loin en bas!*» Poi un baccano di pietre che Croz scaglia nel vuoto per farsi notare dagli italiani. Quando Carrel alza lo sguardo, riconosce Whymper dai suoi pantaloni bianchi.

Il giorno della conquista degli inglesi, il 14 luglio, Carrel non può più proseguire l'ascensione, perché i suoi esitano. Sono incerti. Lui e Maquignaz potrebbero anche continuare, ma gli altri considerano l'impresa inutile. E dato che Carrel, come sempre, vuole riportare tutti al sicuro a valle, si torna indietro. Quando vede Whymper che gesticola sulla vetta, ha già iniziato la discesa. L'inglese interpreta la situazione in maniera diversa: Carrel ha perso e si tira indietro. Lascia la montagna come se stesse scappando.

«Discesa!»

Anche in Valtournenche la ritirata di Carrel viene vista come una fuga, viene criticata. Si mormora di nascosto, si discute, si deride. La sua prestazione, portata a termine come molti altri tentativi senza incidenti, ora non vale più niente. Soltanto Giordano non è d'accordo. Anche lui è oggetto di derisione, sebbene sia stato Carrel a non fidarsi di permettergli la salita.

I compaesani di Carrel si chiedono come abbia fatto a desistere proprio sotto la cima, con tutti gli altri a seguirlo ciecamente. Ha perso il coraggio, avendo visto Whymper? Oppure non è mai stato in grado di conquistare il Cervino?

Per quanto potesse considerarsi onorevole raggiungere la vetta poche ore dopo i rivali, Carrel non rischiava mai troppo. Come se il senso di responsabilità verso le persone che erano con lui fosse iscritto nei suoi geni. Il suo sogno era stato scalare per primo la sua montagna, nient'altro. E per quello ormai era troppo tardi. Onore a chi lo merita. L'ossessione dell'inglese è stata più forte della sua.

Per il momento, Carrel non è disponibile per una seconda scalata. Alla prima ha già dedicato quasi dieci anni della propria vita, ma per lui la responsabilità conta più dell'impegno preso nei confronti di Sella e di Giordano, che volevano alimentare l'orgoglio nazionale italiano con una banale «vittoria». Carrel è patriota, certo, ma sulla montagna non è servo di nessuna bandiera. Come Whymper. Però non ha trionfato l'umiltà, bensì il bisogno di mettersi in mostra.

Per Carrel, la salita al Cervino dal versante italiano non è più in questione, perché non vuole servirla su un piatto d'argento a Giordano e a Sella. Quel genere di servigi non è nella sua natura. La sua via sarà anche più faticosa di quella dell'inglese, ma non è quello il problema. È la prima scalata, che gli è stata portata via!

« Come fa Carrel a dimenticare il proprio dovere? » si chiede però chi è rimasto a valle.

« Quale dovere? » chiede lui.

« Vincere per l'Italia! »

A queste domande, Carrel non vuole rispondere.

26

Sconfitto, dopo la discesa Carrel si rintana nella sua baita di Avouil. Solo il giorno dopo va da Giordano. *Una brutta giornata*, scrive Giordano il 15 luglio nel suo diario. *Al mattino per tempo venne Carrel, mezzo morto, a dirmi che era stato preceduto; egli aveva contato di salire oggi alla cima, e credeva di poter passare, non per la ultima torre che egli ritiene impossibile, ma per il versante di Zmutt, ov'è la neve. Ho deciso che almeno esso, con altri, tenti di salire a mettere la nostra bandiera.*

Giordano tenta di tutto pur di trasformare la sconfitta in una vittoria italiana. Carrel, incerto se sia il caso di fare un altro tentativo, esita per primo, poi tutti i suoi si rifiutano.

« Ho investito molto tempo e molto denaro per cercare di essere il primo sulla vetta », dice Giordano.

Nessuna risposta.

« Adesso questo obiettivo è perduto, ma si tratta anche di voi. Dell'onore e degli interessi delle guide della Valtournenche! »

La risposta rimane no. Poi si offre come accompagnatore di Carrel Amé Gorret, il parroco. L'ex seminarista è deciso a sostenere Carrel. A farlo arrivare in cima. Otto anni prima hanno compiuto il primo tentativo al Cervino. Ora tornano insieme per portare a termine il loro vecchio piano. Si aggiungono due servi del locandiere Favre, Jean-Augustin Meynet e Jean-Baptiste Bich, e due portatori. Anche Giodano vuole partecipare, assolutamente. Carrel, tuttavia, glielo impedisce di nuovo.

« Un forestiero », dice, « è un rischio in più per il successo e la sopravvivenza dei miei. »

« Posso aiutarvi a portare. » Giordano quasi lo supplica.

« Garantire la sopravvivenza di tutti i partecipanti è un fardello che nessuno potrà mai togliermi. »

«In parte potrei farlo io.»

«No, sono l'unico ad avere la responsabilità.»

Giordano vuole che glielo metta per iscritto. Per avere in seguito una prova che gli salvi l'onore. Carrel si rifiuta.

Una notte brutta, febbrile, in cui ho assaporato tutta l'amarezza della delusione. Ho effettuato un'unica rilevazione barometrica, scrive Giordano, la mattina successiva, nel suo diario.

È domenica 16 luglio 1865. Sembra una congiura: gli abitanti del Breuil si assiepano nella chiesetta per la prima messa del mattino. Carrel e il suo gruppo saliranno solo dopo la funzione. Giordano rimane da solo al Giomein.

Feci dunque il grave sacrifizio personale di attendere ancora al piede del picco invece di salirlo, e ti assicuro che questo fu per me un vivissimo dolore, scrive in un'ulteriore lettera a Sella.

Alle due, Carrel e i suoi raggiungono il bivacco ai piedi della Gran Torre. Amé Gorret è pieno di entusiasmo. Che spettacolo! Il mattino seguente sono sulla spalla, accanto all'ometto di Tyndall. Gorret propone di andare dritto e salire lungo la parete verticale della torre sommitale.

«Follia», dice Carrel, che di certo sa valutare il terreno meglio del parroco. «C'è speranza solo se aggiriamo il pilastro verticale da ovest e arriviamo alla cresta di Zmutt.»

«Hai tu il comando.»

Quando traversano sulla sinistra lungo una ripida cengia per raggiungere l'obiettivo, dalla parete della vetta cadono dei pezzi di ghiaccio.

«Attenzione!» grida Carrel.

Gorret viene subito colpito al braccio da un sasso in caduta. Carrel esita. Solo un istante. Farebbe meglio a tentare così, sulla via diretta? Senza scale, senza stanghe di legno?

«Impossibile», dice tra sé.

Tornare alla cresta dal Breuil è difficile, rappresenta il tratto più pericoloso dell'intera via. C'è un'alternativa? Carrel reclina la testa all'indietro e guarda in alto. È il volto di un mostro alto trenta metri e scolpito nella pietra, il volto di un gorilla, che lo

guarda dall'alto con scetticismo? A destra del naso individua una possibilità di salita: superando il tratto strapiombante nell'incavo dell'occhio destro, poi spostandosi verso sinistra e, dal sopracciglio sinistro, avanti verso la cima. Una via possibile, ma troppo ripida! Nelle nuvole vede lunghi capelli scuri striati di biondo. Si riscuote. Ha le allucinazioni? Sta diventando pazzo?

Eccoli di nuovo alla base dell'ultima torre: un intaglio profondo di cui prima non si era mai accorto separa la cordata da quattro da quell'ultimo traguardo.

« Se scendiamo tutti dentro a questa forcella, ci giochiamo la via del ritorno », dice Carrel.

« Due di noi devono restare qui », suggerisce Gorret.

« Assicurare la via del ritorno. »

« Io sono pronto », annuncia Gorret.

Carrel e Bich si calano, poi tagliano lungo una cengia a sinistra, spariscono alla vista di chi li attende dietro il profilo della cresta di Zmutt e poco dopo sono sulla vetta. La « bandiera » degli inglesi è ancora lì. Per Gorret è una specie di incubo. Sulla via del ritorno, gli scalatori della vetta seguono le cenge rocciose del versante nord-ovest. Nel punto in cui la spalla si congiunge alla vetta, tornano sulla via della salita.

Giordano osserva la conquista della vetta dal Giomein. Con condizioni atmosferiche eccezionali. È consapevole che la « vittoria » si deve solo al colpo di genio di Carrel. Così scrive nel suo diario: *Vetta molto coperta dalle nuvole. Attorno alle tre e mezzo la nebbia si dirada e noi vediamo la nostra bandiera sulla cima occidentale del Cervino. Ora quella inglese sembra un cencio nero. In mezzo alla neve.* Giordano fa un disegno della vetta con le due bandiere e scrive « Italia! » accanto alla propria.

Il giorno dopo, verso mezzogiorno, la compagnia fa ritorno: come uomini sani e salvi, ma non da vincitori. Impossibile pensare a cosa sarebbe successo, se uno fosse rimasto sulla montagna! Al Giomein si vedono delle bandiere. Carrel però è infelice, il suo arrivo a valle è un trionfo pallido. Sa che, se avesse pensato soltanto a se stesso, sarebbe arrivato lassù prima di Whymper.

Alla fine, il senso di responsabilità nei confronti degli altri gli è costato la vittoria.

Grande giubilo, per tutto il giorno, annota Giordano nel suo diario. *Fuochi d'artificio e canti. Soltanto io non posso partecipare all'ilarità generale; in fondo non ho scalato il Cervino, non sono potuto salire!*

A Valtournenche si festeggia sino a tarda notte, con balli e con vino. Carrel e Giordano, invece, evitano il baccano. L'uno, perché ha perso, l'altro, perché parte. Affari urgenti costringono Giordano a rientrare a Torino, da dove scrive ancora a Sella: *Io volea dirti che se il vuoi tu puoi ancora ascendere il Cervino con bastante onore essendo il primo* monsieur *che lo avrà salito. Perciò feci colà lasciare a posto e la tenda e qualche corda.*

Ma Quintino Sella non viene al Breuil per scalare il Cervino, perché lo trattengono importanti incombenze burocratiche. Il 20 luglio si trasferisce a Firenze, la nuova capitale, e incomincia a studiare quella famosa « tassa sul macinato » che lo renderà tanto famoso quanto impopolare, quando verrà applicata tre anni più tardi.

27

Sconfitto, Giordano torna a Torino. Solo lì viene a sapere della tragedia avvenuta sull'altro versante della montagna. Si rende conto di una cosa, in particolare: il Matterhorn svizzero ha scalzato, nell'opinione pubblica, il monte Cervino italiano. Definitivamente e per sempre. Non perché gli inglesi abbiano raggiunto la vetta dal versante svizzero tre giorni prima degli italiani, no, soltanto perché l'incidente durante la discesa ha provocato uno scandalo mondiale. Zermatt è diventata, dal giorno alla notte, la località più famosa delle Alpi. La Valtournenche, invece, nel suo isolamento dal resto del mondo è destinata all'oblio. Sarebbe stato il contrario, se Carrel avesse raggiunto la vetta prima di Whymper? No, perché non è stato il dandy a vincere sul montanaro, bensì la sfortuna sul successo, lo scandalo sul genio.

La tragedia conferisce a Zermatt uno slancio turistico senza precedenti. In Valtournenche, invece, con il successo di Whymper è cresciuta soltanto l'invidia, non il numero dei turisti. Certo, costoro elogiano la grande cura e l'ospitalità della locanda aperta da Favre nel 1856 sull'Alpe Giomein, ma sono sempre meno. Nonostante la comodità per raggiungere il Cervino. È da qui che sono partiti Whymper e Tyndall, qui è stata preparata la prima spedizione italiana. Sull'altro versante, tuttavia, c'è una mostruosità che fornisce inesauribile materiale da chiacchiere: il Matterhorn di Zermatt, con tutta la sua bellezza e tutto il suo terrore! Non soltanto i «cittadini» di Zermatt, anche i turisti e gli scalatori ora guardano a questo Cervino come al teatro di una famosa tragedia, quindi come a una loro proprietà. Possono partecipare tutti: alla gloriosa conquista della vetta, alla sconvolgente caduta, agli interrogativi sulla responsabilità. Dal centro del paese, dalla finestra dell'albergo, dal sentiero per le escursioni: in fondo questo Cervino è visibile, anzi afferrabile da tutte le parti, quindi permette di capire la tragedia. Il recupero dei cadaveri e le loro esequie gettano un'intera valle nel lutto. Zermatt piange e, al contempo, prende uno slancio incomparabile.

Ai tempi della prima scalata del Breithorn, la prima montagna dí una certa importanza nei dintorni di Zermatt, quasi nessuno si era interessato all'evento. Nel 1851 i fratelli Schlagintweit erano stati tre giorni sul Colle del Teodulo per i loro studi geologici e meteorologici, e nessun turista si era preoccupato di loro. A partire da metà luglio 1865 – Whymper è tornato subito in Inghilterra – il Cervino è diventata la montagna più famosa del mondo.

Whymper parla di fato. Come se tutto fosse meno casualità che destino, gli avvenimenti dei giorni precedenti alla sua conquista della vetta maglie di una fatale catena di circostanze che non si adatterebbero a nessun'altra storia.

La bandiera nera, che Giordano ha avvistato in mezzo alla neve, non era un segno di lutto, ma soltanto un pezzo di stoffa, la giacca di Croz.

Quattro uomini del gruppo di Whymper sono precipitati, apprende Carrel al Breuil. Mentre stavano scendendo. Anche il giovane Lord Douglas, con il quale Whymper era andato a Zermatt. E Michel Croz, la famosa guida di Chamonix, con la quale Whymper aveva tentato la salita.

In un primo momento, di Charles Hudson e Robert Hadow al Breuil non si sa niente. Soltanto che quattro signori che non si conoscevano si erano incontrati per riuscire nella «prima» più difficile delle Alpi. Con tre guide soltanto.

Carrel è scosso. Come se l'incidente lo avesse coinvolto di persona. Si sente corresponsabile. In lui non c'è traccia di cinica soddisfazione, come si maligna al Breuil. Lo tormenta la partecipazione emotiva, soprattutto il dolore per la perdita di Croz. Anche per Whymper prova più rispetto che rabbia. Non ha diritto di giudicarlo: ecco la sua risposta alla domanda su dove abbia sbagliato. Anche in questo suo atteggiamento verso un

incidente di montagna accaduto ad altri, Carrel si distingue dalla massa.

«Whymper è un incosciente», inveisce Gorret.

«No, lui ha vinto, ma anch'io ho avuto la mia chance», gli risponde Carrel.

Gorret sa la verità. «Ma la sicurezza dei tuoi ha contato per te più della vittoria.»

«Abbiamo anche avuto fortuna.»

«E lui solo cattiva sorte?»

«Whymper ora deve sopportare il successo e anche le sue peggiori conseguenze.»

Carrel è consapevole che una catastrofe del genere avrebbe potuto colpire anche lui. Ed è solo per questo che non aveva voluto Giordano nel gruppo. Non aveva voluto assumersi quella responsabilità. La sicurezza in montagna richiede fatica e lavoro, ed è una vita che lui rifiuta di venderla in cambio di qualche soldo. Rischi sotto la tua responsabilità, sì; audacia grazie alla protezione della guida, no. Come Whymper, anche Carrel sa che quando si è in montagna si può arrivare a dimenticare tutto, ma il suo concetto di responsabilità è completamente diverso da quello dell'inglese.

Poco alla volta arrivano altre notizie sull'incidente sul Colle del Teodulo: «Sono sopravvissuti soltanto in tre su sette!»

Tutta colpa del caso? si chiede Carrel. L'impegno nei confronti di Giordano e di Sella, il no a Whymper. Oppure del destino? A quanto pare, gli inglesi hanno scalato il Cervino senza problemi, per poi far sventolare la giacca nera di Croz sulla vetta. Durante la discesa, mentre erano tutti legati in un'unica cordata, Hadow scivola e cade su Croz, che va da primo per far mettere i piedi del diciannovenne su appigli sicuri. Perdono entrambi l'equilibrio, cadono dalla parete, precipitano e nella caduta trascinano con loro Hudson e Douglas. Carrel riesce a immaginarsi ogni istante di questa sfortunata catena. Ogni istante! Le immagini dentro la sua testa sono più chiare dei ricordi dello stesso Whymper. Probabilmente lo è anche il suo spavento.

Ma perché Croz, la guida più in gamba, al ritorno era primo di cordata? si domanda Carrel. Per Whymper e i due Taugwalder sarebbe stato impossibile trattenere quattro uomini che precipitavano nello stesso momento lungo la parte superiore della parete nord del Cervino!

Al grido che Croz lancia al momento della caduta, gli altri si aggrappano d'istinto alle rocce. Lo strappo però è così violento, Carrel lo sa, che non hanno probabilità di sopravvivere se la corda non è ancorata alla roccia.

Come mai, allora, lo strappo non ha trascinato anche gli altri tre?

Soltanto perché la corda tra loro si spezza! Whymper li vede – Croz che fa roteare le braccia in cerca di un appiglio, precipitando da una roccia all'altra – mentre scompaiono nel precipizio. I quattro sotto Taugwalder padre sono svaniti all'improvviso, inghiottiti dall'abisso. Carrel ripensa continuamente a questo istante, è come se il cielo fosse crollato. Sa cosa devono aver passato i superstiti. Piange Croz, soffre coi Taugwalder, con

Whymper. Un successo che si conclude con una tremenda catastrofe è la peggiore di tutte le sconfitte. Ora la sua scalata gli appare una fortuna immeritata.

Si racconta che il cadavere del giovane lord Douglas non sia stato rinvenuto. Che sia rimasto appeso alle rocce? Carrel non vuole immaginarsi quel ragazzo come un corpo che si è schiantato ed è finito a brandelli. Potrebbe trovarsi in un crepaccio ai piedi della montagna, sul ghiacciaio? Quando e dove sono stati seppelliti gli altri tre?

Nel cimitero di Zermatt, si viene a sapere.

Nel frattempo la catastrofe del Cervino è sulla bocca di tutti, persino a Londra: i bambini ne sentono parlare seduti al tavolo della prima colazione, le signore mentre sono dal parrucchiere, gli uomini al club. L'orrore si diffonde in tutta Europa: il Cervino coinvolge tutti, ma i primi a prendere posizione sono coloro che non arrampicano. Nei pub si discute animatamente dei pro e dei contro di simili scalate: chi è dispiaciuto, chi polemizza, chi scuote il capo. Sono soprattutto i giornali inglesi a sollevare critiche. Quelli italiani, invece, riferiscono di un masso che avrebbe travolto gli sventurati trascinandoli nel baratro; di un crepaccio, una tremenda gola che alla fine li ha inghiottiti. Un giornalista tedesco riesce persino a insinuare subdolamente, in un articolo di quotidiano, che Whymper avrebbe tagliato la corda tra Douglas e Taugwalder per salvarsi la pelle. All'inizio la notizia si diffonde tra le redazioni, poi arriva alla gente.

Gli alpigiani superstiziosi non si fanno tante domande, loro lo sanno per certo: quella spedizione era partita senza la benedizione della Chiesa. Come se non bastasse, era iniziata il giorno 13, e la cima era stata raggiunta di venerdì! Gli anziani di Zermatt credono addirittura che l'incidente sia un segno divino: l'intero paese è presto destinato a sprofondare nell'Orcus, reame infernale.

Sul versante italiano della montagna, dove in molti sono pronti ad approvare le pesanti accuse contro Whymper, Carrel inizia a essere rivalutato.

«Non è forse il nostro vero eroe?»

«Whymper deve assumersi le proprie responsabilità!»

Whymper, sull'altro versante, non si giustifica. Il suo racconto verbale su come si sia svolto l'incidente dovrà bastare a chiarire gli eventi. Anche i due Taugwalder, padre e figlio, forniscono la stessa versione. Per Carrel non ci sono dubbi, e quello che raccontano loro tre chiude la questione.

La guida di Valtournenche, ancora scossa dal tragico evento, si chiede dentro di sé come sia stato possibile che Whymper, uno che voleva scalare il Cervino addirittura da solo, abbia accettato altri tre turisti nel suo gruppo. Scelti dal caso, per giunta. Con un ragazzino senza esperienza sulla roccia... Quell'Hadow, pensa. Arriva nelle Alpi e vuole subito salire sul Cervino, così! Per la gente del posto l'incidente non ha il sapore della tragedia antica, e nemmeno ha a che fare col fato. È forse la passione durante la salita, la gioia del trionfo ad aver confuso gli uomini? Oppure si è giunti a tutto ciò soltanto perché per Whymper era l'ultima possibilità? Lui era in grado di valutare le difficoltà dell'ascensione! Eppure si è messo a capo di una combriccola in cui a quattro turisti si affiancavano due guide e un portatore! È il senso di responsabilità che a suo parere manca a Whymper. Ma ormai non si può più tornare indietro...

Carrel è l'opposto: ha raggiunto il proprio obiettivo là dove i più forti alpinisti inglesi hanno fallito. Ma a nessuno interessa più. Fatta eccezione per Giordano, il canonico Carrel, Quintino Sella e la sua cerchia di amici, i pochi membri del Club Alpino.

«Le cose devono cambiare», dice Giordano.

Mentre a Zermatt si continua a piangere, il Club Alpino decide di far portare delle corde sul punto più difficile della Cresta del Leone e far costruire, in alta quota, un rifugio nel quale sia possibile trascorrere la notte. Tutto per facilitare l'ascensione. Viene dato il via a una sottoscrizione per «lo scavo di una grotta», di un primo riparo alla Cravate, dove a più di quattromila metri di altezza alcune rocce sporgenti offrono un riparo naturale. Si prevedono demolizioni con gli esplosivi e la costruzione di muri a secco. Il Cervino, un tempo inespugnabile, deve essere domato.

«La via di Carrel è troppo difficile per i turisti», capisce Giordano. «Quindi bisogna intervenire per preparare la via agli scalatori della domenica.»

Carrel scopre che per lunghi tratti gli inglesi sono saliti slegati, con Hudson e Whymper davanti: in alcuni punti del versante est, poi sull'Hörnli, verso Zermatt. Solo molto più su, si sono poi legati passando al versante nord. L'appunto di Whymper: *per la maggior parte del percorso, la corda non è necessaria.*

I «cittadini» di Zermatt reagiscono al successo di Whymper prima con euforia, poi con invidia, e infine con perplessità. Ai loro occhi, la vittoria è al contempo una sconfitta. Forse addirittura una vergogna, per la valle! Soltanto i ristoratori la vedono diversamente, come se conoscessero già il potere dei media e la fame delle masse per le notizie tragiche.

«Buon per Zermatt», è quello che si dice anche Carrel.

Dal paese svizzero giungono, in maniera frammentaria, altre notizie: Whymper era arrivato lì il 12 luglio dopo una lite con Carrel, aveva convinto il vecchio Peter e lo aveva pregato di scegliere una seconda guida. Fuori dall'Hotel Monte Rosa, c'era Michel Croz, in parola con un religioso di nome Charles Hudson che voleva scalare il Cervino. Come lui anche lord Francis Douglas, col quale Whymper ha traversato il Teodulo venendo dal Breuil. I quattro si sono trovati al Monte Rosa: Hudson e il suo amico Hadow, Douglas e Whymper.

Mentre a Valtournenche regna ancora l'allegria generale perché in cima al Cervino sventola la bandiera italiana, a Zermatt si diffonde la notizia della catastrofe avvenuta durante la discesa. L'argomento del giorno non è la conquista della vetta, bensì la caduta, e all'improvviso l'alpinismo diventa oggetto di critiche. Per la prima volta. Zermatt è pervasa in egual misura da dolore, rabbia e disperazione. Il Breuil, dall'incertezza.

Sul versante sud, il 17 luglio Carrel e Bich avevano visto le orme lasciate il 14 da Whymper. Dell'incidente durante la discesa non sapevano ancora niente. Soltanto una volta rientrati al Breuil, il 18, sentono parlare della catastrofe, benché le notizie da Zermatt restino confuse.

Carrel non fa che pensare a Whymper, al quale ora non può stare accanto. Non gli è difficile immaginare la maniera in cui, dall'euforia della vittoria, debba essere precipitato nello sconforto totale. Come fosse la pedina di un amaro gioco del destino. Non vi sta partecipando egli stesso? In sogno, di notte, è assillato dalle immagini dei giorni precedenti. Come se il terrore di Whymper fosse anche il suo.

28

« Sul versante svizzero, la Gran Becca è orrore puro », afferma il sacerdote Gorret.

« Il versante nord del Cervino dev'essere terribilmente pericoloso », deduce la gente del Breuil.

« La via dal Breuil è dunque la migliore », commenta un tizio alla locanda.

« È colpa di Whymper, perché è partito troppo precipitosamente? » chiedono a Carrel.

« No, non è così », risponde lui, evasivo. « Ci sono tanti motivi che possono spiegare l'incidente. »

« Diccene uno. »

« Troppi signori e troppe poche guide. »

« Ma anche tu hai provato ad avere più persone legate alla corda. »

« La mia gente è nata in montagna, arrampica così come cammina. Ma soprattutto lascia decidere a me. » Altro Carrel non dice.

A Zermatt i due Taugwalder raccontano che Whymper è sotto shock e che, se la corda non si fosse spezzata, né lui né loro sarebbero ancora vivi.

« La montagna si è vendicata », mormora la gente in paese.

Quando Whymper era tornato a Zermatt, si dice, sulla porta dell'albergo aveva incontrato Seiler, il quale lo aveva seguito fino alla sua stanza in silenzio.

« Che cosa è successo? »

« Io e i Taugwalder siamo tornati », era stata l'unica cosa che aveva detto l'inglese prima di scoppiare in lacrime. Per il resto non era stato possibile parlargli e, visto che lui stesso non aveva aggiunto altro, a molti la sua discesa era parsa un gesto eroico.

«Solo lui ce l'ha fatta!» diceva la gente. «Gli altri tre inglesi sono morti.»

«L'unico dei quattro inglesi a essere tornato.»

Come è riuscito questo valoroso Whymper a portare in salvo le sue guide non assicurate fino ai piedi della poderosa montagna? ci si chiede anche a Zermatt.

Nel frattempo circolano anche voci secondo le quali, dopo la caduta, i due Taugwalder sarebbero rimasti come paralizzati.

«E questo giovanotto li porta oltre la cresta dell'Hörnli, verso gli chalet di Buhl! E poi più in là, verso Zermatt?»

Whymper ha pagato i Taugwalder prima di partire. Il padre ha preso cento franchi, più una mancia di venti; il figlio ottanta; Joseph, salito come portatore fino al bivacco, venti. Per il tratto da Zermatt, passando sul Teodulo, e ritorno, Whymper gli dà altri quindici franchi.

La terribile notizia per cui le vittime si troverebbero sul ghiacciaio corre ancora più veloce di quella sulla conquista della vetta.

«Dal versante opposto della valle si vedono i cadaveri», sostengono gli abitanti di Zermatt.

Per il momento, tuttavia, Whymper non si fa né vedere né sentire. Si è rinchiuso nella sua stanza al Monte Rosa e rifiuta di rilasciare ogni genere di dichiarazione. Le guide alpine che si trovano in valle in quel momento vengono sollecitate a impegnarsi nelle ricerche dei poveri alpinisti. È Whymper stesso a implorarle in tal senso.

Nella notte fra sabato e domenica, l'inglese e il parroco evangelico McCormick, di Visp, nel Vallese, decidono di partire assieme ad alcune guide: vogliono salire sul ghiacciaio del Cervino dall'Hörnli per cercare i morti. Il parroco del paese, il reverendo Joseph Ruden, è tuttavia un ostacolo per il loro programma: minaccia tutti gli uomini di Zermatt di scomunica se non andranno a messa la domenica. E così Whymper, McCormick, Robertson, Phillpotts, la guida Franz Andermatten di Saas, due guide di Chamonix – Payot e Tairraz, buoni amici di Michel Croz – e due guide di St. Niklaus – i fratelli Joseph-Marie e Alex Lochmatter –

partono senza di loro. I nove lasciano il paese durante la notte e raggiungono le vittime in mattinata: fino a quel momento, nessuno aveva ancora messo piede sul ghiacciaio del Cervino sotto la parete nord. Eccoli, ammutoliti e bianchi in volto, davanti ai cadaveri dilaniati: Croz, Hadow, un po' più su Hudson. Di Douglas nessuna traccia.

Che spettacolo terrificante! Teste sfasciate, un braccio qui, una mano là, che Payot riconosce essere quella del suo amico Michel. Lo ha capito da alcune vecchie cicatrici. I corpi sono pressoché nudi, brandelli di stoffa giacciono tutto attorno.

Al Monte Rosa, Monsieur Seiler è sollevato di veder tornare la spedizione di recupero. Whymper si rinchiude di nuovo in camera sua.

« Soffre terribilmente », dicono tutti di lui in albergo.

« Poveretto... Ancora così giovane, poi! »

« Se non parte subito, qui impazzisce. »

Nell'Oberland bernese, intanto, in quei giorni il professor Tyndall viene interpellato da una guida che gli chiede: « Conoscete il professor Tyndall? »

« Perché? »

« Ha smesso di vivere, mio signore! »

« Come, prego?! »

« Ha avuto un incidente mortale sul Cervino. »

Presto la catastrofe cessa di essere una leggenda anche nelle valli più remote. Tyndall legge la notizia sui giornali, a Innertkirchen, e decide di cercare lord Douglas, il disperso; sua madre, la marchesa di Queensberry, è ossessionata dalla visione del figlio prediletto che, ancora vivo, attende i soccorsi tra le rocce. Ora a Zermatt gira voce che il professor Tyndall si sia procurato novecento metri di corda e che si calerà dalla vetta del Cervino per poter recuperare il corpo del lord. Il professore si affretta a raggiungere il paese, ma il parroco Ruden lo mette in guardia: « Ci sono già stati morti a sufficienza, non ne vogliamo altri! »

Solo il 19 luglio si rende possibile una missione di recupero. Ci sono ventuno guide che sistemano i cadaveri dentro alle sacche, ma, a un tratto, sopra di loro si sente un boato.

«Pietre!» grida qualcuno.

Tutti corrono per mettersi al riparo sotto le sporgenze rocciose. Soltanto Whymper mantiene la calma. Lui continua a cercare l'equipaggiamento delle vittime in mezzo alla neve, come se né quel macabro spettacolo né la pioggia di sassi potessero turbarlo.

Nel frattempo si diffondono le voci più incredibili. Emergono dei sospetti, si parla di colpa. Non soltanto la popolazione di Zermatt, anche i turisti partecipano alle esequie e confabulano. Zermatt piange e si domanda: Whymper ha veramente tagliato la corda per mettersi in salvo? L'ipotesi coinvolge anche Taugwalder padre. Lo ha fatto per salvare il figlio?

«Sì, sono comparsi entrambi davanti al giudice», afferma il parroco.

«Per essere sentiti come testimoni», puntualizza Seiler.

«E i verbali?»

«Tenuti sotto chiave.»

«Ma non è stato Hadow a causare l'incidente?»

«È morto, quindi non può più dire niente.»

«Ha fallito Taugwalder, oppure questa caduta è colpa di un errore di Whymper?» domandano a Carrel.

«Non è questione di colpe, è questione di responsabilità», è il suo giudizio.

«Quando è salito in vetta con Croz, Whymper ha davvero tagliato una corda? Che poi in discesa era troppo corta e ha dovuto essere unita a una più sottile?»

«Non è da escludere», risponde Carrel.

Ecco cosa dice in seguito lo stesso Whymper da Londra: «Mi è giunta voce che Taugwalder sia incapace di lavorare; non proprio pazzo, però debole di nervi e quasi demente».

29

Carrel ripensa continuamente a come possa essere andata: l'estremità della corda è troppo corta, quando il vecchio Taugwalder vuole legarsi per la discesa – dietro a Croz, Hadow, Hudson e Douglas. Dunque è necessario prendere la corda di riserva, perché la seconda corda di manilla lo lega a suo figlio Peter. Poco dopo, tra loro due si legherà Whymper. La corda, che diventerà il «corpo del reato» è dunque una più sottile, più debole.

La questione della corda in discesa è molto importante anche perché ad essa rimandano tutte le accuse. A questo proposito, sarebbe più importante capire il motivo per cui nella discesa nessuna delle tre corde fosse stata utilizzata come corda fissa. Molto probabilmente, con una caduta del genere, anche la migliore si sarebbe spezzata! Ed è solo grazie a un'autoassicurazione a una vicina sporgenza nella roccia che Taugwalder padre non è stato trascinato a sua volta. Solo per questo motivo, la corda di sicurezza che deve essersi spezzata si è trasformata in salvezza per Whymper e i due Taugwalder. Senza la forza, la prudenza e la presenza di spirito del padre, tuttavia, nessuno dei sette scalatori del Cervino sarebbe mai sopravvissuto.

Quando Croz perde l'equilibrio e Hadow fa cadere i compagni – in questa situazione la corda tra loro non poteva essere completamente tesa – lo strappo è così violento che la guida non può certo contrastarlo. O cadono tutti, oppure la corda si spezza. Se anche Taugwalder padre avesse perso la presa, suo figlio e Whymper non sarebbero riusciti a sostenere i componenti della cordata che erano stati trascinati nella caduta.

Ma chi ha deciso l'ordine di discesa dei componenti la cordata? Whymper? Hudson? Di solito lo fanno le guide. Croz, il più esperto, avrebbe dovuto essere l'ultimo. Perché solo dall'alto

avrebbe potuto garantire il massimo possibile della sicurezza. E tuttavia, con un ordine diverso sarebbero mai riusciti a scendere dalla montagna? Croz aveva fiducia nei Taugwalder, dunque si è fatto carico del più debole della squadra, colui che, anche in discesa, determinava il ritmo di tutti. Tutti erano al corrente dei limiti di Hadow.

Poi, all'improvviso e inaspettatamente, Croz lancia un grido mentre precipita e tutti gli sguardi si abbassano: ciò che vedono è il cielo che crolla.

30

All'inizio Whymper racconta poco, e in seguito le sue parole suonano solo come una giustificazione: i due Taugwalder, dice, sono rimasti profondamente scioccati dalla caduta dei compagni: *I due uomini, paralizzati dal terrore, piangevano come neonati, e tremavano in una maniera tale da farci rischiare la stessa sorte toccata agli altri.*

«Chamounix! Oh, che cosa dirà Chamounix?» avrebbe esclamato il vecchio Peter pensando a Croz.

Perché Croz è caduto?

Ha deciso Whymper che Croz dovesse scendere per primo e Hadow per secondo? si chiede Carrel quando viene a conoscenza dei particolari.

Hudson arrampicava con la stessa sicurezza di una guida? Ma su un terreno del genere potevano scendere in sicurezza soltanto le vere guide alpine... Secondo Whymper, aveva chiesto lui di essere messo come terzo, con lord Douglas dietro e il più forte, il vecchio Peter, come quinto. Carrel trova che non fosse l'ordine corretto.

«Ma non bisogna muovere rimproveri a nessuno», dice.

Tanto meno al vecchio Taugwalder. La domanda è: si è sempre mosso un uomo alla volta, col successivo che partiva non appena il precedente aveva raggiunto un appoggio sicuro?

Una caduta del genere – un istante, poi lo strappo trasmesso agli altri, quattro duri colpi, tutto nel giro di pochi secondi – non coinvolge tutti solo se la corda si rompe, Carrel lo sa. Così come sa che Taugwalder doveva essere assicurato. Perché i pochi secondi tra la caduta di Hadow e gli strappi che per quattro volte consecutive quasi lo dilaniano, lui che ha la corda attorno al petto, non sono sufficienti né per tagliarla con l'ausilio di un

coltello o di una piccozza né per qualsiasi altro tipo di reazione. Non bastano nemmeno per pensare lucidamente.

Non c'è dubbio che un avvenimento del genere provochi uno shock profondo, sia nel caso di Whymper sia in quello dei Taugwalder. E ora la preoccupazione del padre è rivolta al cliente, più che al figlio: devono riportarlo giù da quella montagna.

Il racconto di Whymper sulla discesa – *i Taugwalder erano del tutto snervati* – suona come una storia da eroi studiata a tavolino. Quali corde ha legato attorno ai massi per calarsi? In fondo la maggior parte di quelle di scorta era svanita nell'abisso insieme agli sventurati. Whymper dice di aver assicurato la difficile discesa fissando *le corde su rocce stabili* e tagliando *gli spezzoni di volta in volta, abbandonandoli dietro* di sé. Dalla descrizione che fornisce dello spettro di Brocken, un fenomeno naturale all'epoca già conosciuto, emerge la sua confusione: *D'improvviso, un enorme arco apparve, sorgendo sul Lyskamm, alto nei cieli. Pallida, senza un colore, senza un suono, ma perfettamente chiara e definita, eccetto che nei punti dove si perdeva nelle nuvole, questa apparizione ultraterrena ci sembrò una visione di un altro mondo.* Secondo Whymper i primi a osservare l'evento sono stati i Taugwalder, che in esso hanno riconosciuto un legame con le vittime della disgrazia. Lui è felice quando la singolare apparizione svanisce, e annota: *Il sole era proprio alle nostre spalle, e questo significa che l'arco di nebbia si trovava nella direzione opposta al sole stesso. Erano le sei e mezzo di sera. I contorni dell'immagine erano a un tempo affilati e morbidi, con colori neutri; si erano delineati gradualmente, ed erano sfumati d'un tratto. La nebbia non era fitta e si sciolse nel corso della serata.*

Quando Carrel incontra Taugwalder figlio, tuttavia, il ragazzo non sa dirgli niente di questo *spettacolo meraviglioso.*

Carrel però si ricorda di aver a sua volta osservato, tre giorni dopo Whymper, sull'altro versante della montagna, un fenomeno simile: *Ci trovavamo sulla spalla nel momento in cui abbiamo notato una piacevole apparizione. In Svizzera il cielo era sereno, mentre sul versante di Valtournenche c'erano dense nubi. Ci siamo visti riflessi al centro di un cerchio che assumeva i colori dell'arcobaleno. Eravamo circondati da una cornice luminosa dentro la quale vedevamo le nostre stesse ombre.*

Carrel si chiede anche come mai Whymper, dopo che i tre sopravvissuti sono stati interrogati, faccia porre al vecchio Taugwalder una serie di domande aggiuntive. Perché dovrebbero dargli la possibilità di giustificarsi?

« No », si risponde da solo. « Whymper vuole soltanto addossargli tutte le responsabilità della catastrofe. »

L'inglese, evidentemente, dimentica di essere partito con la pretesa che, sulla montagna, sarebbe stato lui a decidere. Aveva dichiarato di essere allo stesso livello delle migliori guide quanto a capacità, esperienza e coraggio. Per questi motivi, dunque, ora deve assumersi la propria parte di responsabilità. Tutti coloro che erano caduti erano stati legati con la corda di manilla o con la seconda, e altrettanto robusta corda, racconta Whymper, che dice anche di essere stato a più di trenta metri di distanza

dagli altri mentre Croz e il vecchio Peter erano impegnati a legarsi.

Carrel ha un dubbio: la corda più debole è stata usata soltanto tra lord Douglas e il vecchio Peter?

Allora con cosa era legato Whymper ai Taugwalder? E quali corde sono poi rimaste come corde fisse sulla montagna? Per Carrel, tutta questa confusione di corde non è altro che un espediente. Così scrive Whymper: *Questo era un pessimo indizio nei confronti di Taugwalder, perché non era possibile supporre che gli altri avessero approvato l'impiego di una corda evidentemente meno robusta, quando restavano ancora inutilizzati quasi 80 metri delle corde di migliore qualità. [...] Nell'interesse dell'anziana guida (che godeva di buona reputazione, così come sotto ogni altro punto di vista, era auspicabile che la storia venisse chiarita.* Una subdola preghiera? No, un rimprovero ingiusto.

Non una colpa, non una disattenzione è da attribuirsi alle guide: tutte fecero ampiamente il loro dovere. Pure io sono persuaso che, se la corda fosse stata tesa regolarmente fra quelli che caddero come lo era fra Taugwalder e me, tutta questa spaventosa catastrofe avrebbe potuto essere evitata.

Una scusa, pensa Carrel.

Whymper, criticato dalla stampa internazionale, si giustifica scaricando tutta la responsabilità dell'incidente sui Taugwalder. E riesce a rinfacciare ai due di essere codardi, sconsiderati e persino avidi.

Racconta che al buio – dopo l'incidente devono bivaccare, durante la discesa – padre e figlio si sarebbero informati sul loro compenso.

«Chi ci paga, se il nostro signore è scomparso?»

«Io», avrebbe risposto Whymper.

«Douglas, che ci ha ingaggiato, ha sempre pagato bene.»

«Vi ricompenserò adeguatamente.»

«Bene. È che siamo povera gente e non possiamo rinunciare al denaro», avrebbe spiegato Taugwalder figlio.

La risposta di Whymper: «Non è il momento adatto per parlare di soldi».

«E quando, allora?»

«Vi pagherò come se fossi io il vostro signore!»

Le guide gli avrebbero anche offerto di lasciare un'annotazione nel loro libretto, ma lui si sarebbe rifiutato. Per non sembrare troppo critico nei loro confronti? Oppure per togliere credibilità ai due? Alla fine è solo una la versione della tragedia del Cervino che deve contare: la sua.

Non ci sono domande da fare, comprese quelle che si pone Carrel. È possibile che per la discesa Whymper si sia tenuto un tratto di corda libero per potersi legare a Taugwalder padre? Lord Douglas deve però aver capito che la cordata da quattro in testa si trovava in una situazione precaria. Era consapevole che gli uomini davanti non potevano essere trattenuti, se anche uno soltanto di loro fosse caduto? Altrimenti perché dire a Whymper di attaccarsi al vecchio Taugwalder? Ma è anche ipotizzabile, anzi, persino plausibile, che Whymper si fosse legato tra padre e figlio con la corda buona. In questo caso, deve avere notato che Taugwalder aveva messo la corda più debole tra sé e Douglas. Perché esprime la sua indignazione verso il suo utilizzo soltanto in seguito?

Per il resto della discesa la compagnia costituisce un'unica cordata: Croz, Hadow, Hudson, Douglas, il vecchio Peter Taugwalder, Whymper e come ultimo Peter Taugwalder il giovane. Una cordata di sette persone, su un terreno così difficile, ha soltanto svantaggi: è troppo lenta, perché nei passaggi più impegnativi può scendere solo un componente alla volta. A ciò si aggiunge la paura, perché, al crescere del numero dei componenti, cresce anche il senso d'insicurezza complessivo dato dalla somma di quello dei singoli. Poi la tensione: ogni componente sa che un solo passo falso può causare una reazione a catena e far precipitare tutti.

Whymper e Croz hanno raggiunto la vetta dieci minuti prima degli altri. L'inglese poi ci resta più a lungo. Fa dei disegni, scende dagli altri col giovane Taugwalder e poi torna di nuovo su, per scrivere i nomi di tutti i primi conquistatori del Cervino su un foglio di carta da inserire in una bottiglia vuota che verrà nascosta tra le pietre. Quando si legano per la discesa, utilizza la seconda corda buona di manilla. A Croz ne resta ancora da utilizzare come corda fissa nei punti più difficili? È per questo che a Taugwalder padre rimane soltanto la corda più debole, lunga sessanta metri, con cui legarsi a Douglas? Ora Whymper ha ancora un lungo pezzo di corda avvolto attorno a petto e schiena, come nel suo disegno che lo ritrae in posa da vincitore? Non c'è nulla di certo. L'inglese, che ha messo a disposizione le corde, che si considera il capo della spedizione, non dà alcuna informazione in proposito. Rifiuta ogni tipo di responsabilità.

Il 17 luglio 1865, quando Carrel raggiunge la vetta da sud, il religioso inglese McCormick, amico di Whymper, scrive al *Times* di Londra: *un grido di Croz getta Whymper nello sgomento. Un secondo dopo vede Hadow e Croz che precipitano, Hudson e lord Francis che vengono strappati dalla parete, perdono il terreno sotto ai piedi, e infine i quattro che spariscono nel nulla. Lui e i due Taugwalder, già allarmati dal grido di Croz, si aggrappano con più forza possibile alle rocce per reggere lo strappo dei caduti. Il carico sulla corda è troppo. Si spezza, e Croz, Hadow, Hudson e lord Francis Douglas precipitano a testa in giù dalla ripida parete.*

Taugwalder padre descrive la stessa situazione in maniera molto diversa: *Per potermi reggere meglio, mi giro verso la montagna; la corda tra me e Whymper non è tesa, ma per fortuna è avvolta attorno a una sporgenza rocciosa, e tiene.*

Deve essere andata così, pensa Carrel e pensano anche le guide di Zermatt. A tutti è capitato almeno una volta di dover tenere il proprio signore alla corda: è possibile sui pendii innevati più pianeggianti, ma, sulle pareti rocciose ripide come quelle del Cervino, lo è soltanto se loro stessi si ancorano alla roccia con un'asola.

Ancora Taugwalder: *a causa della caduta, l'altra corda si tende al punto da strapparsi. Nel punto in cui mi passa intorno al busto sento per quattro volte uno strattone simile a un colpo di frusta. Mi sono rimasti i lividi per settimane.*

Il *Bund*, un quotidiano svizzero, elogia nell'edizione del 16 luglio la presenza di spirito di Taugwalder. Ma Whymper non è d'accordo, e in risposta scrive: *Appena intesa l'esclamazione atterrita di Croz, il vecchio Peter ed io ci ancorammo tanto saldamente quanto la roccia ce lo permise. Fra di noi la corda era tesa, e reggemmo lo strappo come un sol uomo. Resistemmo, ma tra Taugwalder e lord Francis Douglas la corda si ruppe.*

Carrel scuote il capo di fronte a quelle righe.

Il giovane Taugwalder descrive così la situazione, subito dopo: *Whymper trema così forte da non essere quasi più in grado di compiere un solo passo sicuro.* Sembra proprio sotto shock, perché scendendo continua a cercare con gli occhi i compagni coinvolti nell'incidente. Ma loro non possono essere lì, perché si trovano sul ghiacciaio sotto la parete nord.

Presto al centro delle critiche dell'opinione pubblica non c'è più il principale responsabile, ci sono due guide. Una è Carrel, maestro di Whymper in montagna; l'altra è Taugwalder, colui che gli ha salvato la vita. A Valtournenche la posizione di Carrel è in discussione perché lui ha perso, eppure difende Whymper. Altri nella valle vogliono contendergli il monopolio sul Cervino.

Sull'altro versante della montagna, Taugwalder padre non riesce a mettere a tacere i pettegolezzi nemmeno nel suo paese. Come guida non lo richiedono quasi più, e gradualmente si ritira.

«Per quanto possa essere bravo come guida, io non gli affiderò più la mia vita né lo raccomanderò ad altri», dice di lui Whymper una volta tornato a Londra, vendicandosi così dell'uomo senza il quale non sarebbe in vita. Croz è morto, Carrel a pezzi e Taugwalder screditato. Tutto solo perché Whymper, con le parole, sa cavarsela meglio che con la piccozza.

31

Queste versioni contraddittorie sull'incidente del Cervino mettono innanzi tutto in cattiva luce l'alpinismo. Il *Times* di Londra dedica alla questione un editoriale dal quale si capisce come la tragedia susciti un interesse che va ben oltre la cerchia degli appassionati della disciplina:

> *Ci sono eventi*, scrive la testata, *che costringono un giornale a prendere posizione, persino a rendersi impopolare o ridicolo, anche se ci piacerebbe difendere la causa. Vogliamo guadagnarci le simpatie dei giovani, dei coraggiosi e degli intraprendenti, benché non siamo insensibili al loro sarcasmo. Anche noi abbiamo, come loro, un Cervino da domare, e non senza motivo. Perciò ci chiediamo: perché il miglior sangue d'Inghilterra è stato offerto in sacrificio per scalare vette mai conquistate? Soltanto per profanare le nevi perenni e calpestare altezze impenetrabili, dalle quali non c'è ritorno? Per quanto ne sappiamo, è l'erede di una delle nostre più illustri casate nobiliari, anzi, ancora più importante, uno dei giovani uomini migliori al mondo, a essere precipitato con tre compagni e una guida dentro un abisso di milleduecento metri. Ne sarebbero bastati anche cento, ma sono stati dodici volte di più. I due inglesi che hanno condiviso la sua stessa sorte erano uomini di quello stampo di cui il Paese può andar fiero. Sarebbero stati l'orgoglio di un'epoca, anche di un'epoca corrotta o di poche pretese come la nostra. Erano dei dotti e dei gentiluomini. Erano persone che si erano distinte a scuola e all'università, oppure in professioni prestigiose. Erano amati e stimati. I commoventi necrologi ci mostrano come ora tante persone affezionate guardino con orrore al luogo*

della tragedia. Molti dei nostri lettori hanno già visitato Zermatt, perciò non è necessario descrivere con maggiore precisione una località tanto celebre. Se ci si trova nel cuore della valle di Zermatt e si guarda a sud, si vedono imponenti masse rocciose, si hanno davanti a sé ghiaccio e neve, una vera scala che sale al cielo e fa pensare che i destrieri delle divinità dell'Olimpo possano averci caracollato sopra. Su questa pista danzante all'aperto si erge una roccia, di forma a metà tra l'obelisco e la piramide, che a tutti deve sembrare una sorta di immenso gioiello. D'alabastro e d'argento. Ai modesti osservatori di questa valle deve parere inaccessibile come a noi la cattedrale di St. Paul. E se potessimo scegliere, preferiremmo arrampicare con l'aiuto delle dita di mani e piedi sopra una delle ben costruite case di Londra, coi loro cornicioni e le loro grondaie, piuttosto che su quel mostro del Cervino. A chi nutre il desiderio di scoprire cosa significhi un'altezza di cinquanta metri in verticale, basta recarsi in cima alla cattedrale. Sul Cervino, invece, l'altezza è di milleduecento metri, non meno vertiginosa. Già solo la salita è inimmaginabile, perciò non ci meravigliamo che la discesa si sia trasformata in catastrofe. Durante la scalata lunga ore, ininterrottamente difficile, ci sono stati solo pochi istanti, punti pianeggianti, in cui gli alpinisti avrebbero potuto riposare, chiudere gli occhi con la sensazione di essere almeno provvisoriamente in sicurezza. Certo, un tale impegno è ammirevole, ma può essere definito un modo di vivere responsabile? Stiamo parlando di dovere? Di buon senso? Una cosa simile è permessa? Non dovrebbe essere deprecata?

È senz'altro necessario porre dei limiti all'audacia. Ci piacerebbe proseguire e contestare che la miglior educazione al coraggio consista nell'esporsi al pericolo. Non è il cavaliere più bravo e più assennato quello che affronta gli ostacoli più alti. In Inghilterra, il buon senso lascia le corse a ostacoli, nelle quali deve verificarsi un certo numero di morti per tenere alto l'interesse, ai signori giovani e freschi. Nel nostro

Paese, soprattutto alle dame non piace vedere un nobile cavallo infilzato o con il collo rotto. Allo stesso modo, non guardano volentieri quando un bel giovane viene portato fuori dalla pista con le ossa rotte o addirittura morto. C'è un limite al volersi esporre arbitrariamente ai pericoli; se lo si supera, si inizia a diventare ridicoli o addirittura disgustosi. Cinquecento anni fa, i giovani romani discendenti da famiglie nobili o pontificie cercavano di ricreare le battaglie più celebri negli anfiteatri, sotto forma di tauromachia. Ridicolo: « Ogni combattente », scrive Gibbon, « affrontò con successo un toro selvatico, ma la vittoria fu da assegnare ai quadrupedi, perché sul campo erano restati undici tori, mentre la controparte aveva nove feriti e diciotto morti. » Nessuno leggerebbe una cosa simile senza ridere sotto i baffi, perché per noi è pura follia mettere a repentaglio la vita di un Colonna in uno scontro con un toro selvatico. Eppure arriverà un momento in cui degli storici pieni di sarcasmo racconteranno di come una volta nobili, dotti e uomini di chiesa inglesi salissero l'uno dopo l'altro sulle cime più alte delle Alpi per trovare fama vanagloriosa oppure una morte tremenda. Se vogliamo avere rispetto del coraggio, è necessario contenerlo entro limiti ragionevoli, e anche lo scopo deve essere tenuto in considerazione. A cosa serve scalare rocce ripide e restare mezz'ora su un'ariosa vetta sopra al globo terrestre? Certe arrampicate si possono capire se a compierle sono lupi di mare, addetti alla pulizia dei segnavento, spazzacamini e altri individui con professioni avventurose. Se in certe occasioni si muore, bisogna farsene una ragione, perché in fondo si tratta di lavoro, di lotta per la sopravvivenza. Quando però un membro del club alpino ricorda la propria vita nei pochi secondi della caduta, alla fine ne cava un triste bilancio. Cosa dobbiamo cercare noi, là sopra? Chi ci dà il diritto di gettare via il dono della vita e mille buone occasioni di renderla una storia di successo per entrare in competizione con scimmie, gatti e scoiattoli? La vita sfida già abbastanza il coraggio dell'uomo, sia dal punto di vista morale sia da quello psichico. Qualsiasi persona occupi una posizione all'interno della società e debba assolvere i doveri che ne conseguono necessita di coraggio e presenza di spirito, altrimenti diventa oggetto di scherno e disprezzo borghese. Sarebbe impossibile per un uomo dell'amministrazione clericale o della direzione di una miniera portare a termine qualcosa senza capire niente della propria materia, senza difendere il proprio compito e i propri diritti. Nel caso in cui non avesse tale coraggio, gli verrebbe consigliato di esercitare un lavoro manuale o riflettere sulla metafisica. Per le questioni di vita pubblica, uno così risulterebbe inutile. Questo coraggio non si acquista mettendosi in pericolo con una sfilza di avventure disperate. L'epoca dei cavalieri è passata da un pezzo. E nemmeno si impara a sopportare le privazioni intraprendendo uno stancante viaggio nel deserto. In questo modo l'uomo finisce per diventare schiavo delle necessità. Si mette di propria iniziativa nella situazione miserabile, nella condizione disperata di dover fare qualcosa di spiacevole. Di buon grado oppure no. Tutta la sua vita si identifica per un momento con questo punto soltanto, finisce per culminare nella sofferenza, e lui non può più essere visto come individuo responsabile delle proprie azioni.

Ci verrà rinfacciato che tutte queste obiezioni sono materialistiche, fredde e calcolatrici. E chissà cos'altro! Ma nella nostra vita non facciamo niente di male, se pensiamo alla fine della vita stessa e calcoliamo le possibili perdite. La saggezza di tutti i tempi – non quella dei tempi antichi – ci insegna ad associare al coraggio la prudenza. Chi segue questo insegnamento constata quale soddisfazione comporti la responsabilità. La prudenza ci impone di valutare il pericolo e di non accettare selvaggiamente e sconsideratamente i rischi che ne scaturiscono, così come di suddividere equamente la responsabilità nel gruppo, benché gran parte delle volte i più esperti se ne assumano in quota maggiore. Gli spavaldi e gli avven-

turieri, che finiscano in collisione con madre terra o con un muro di pietra, sprecano il loro potenziale senza risultati utili. L'uomo del Medioevo sapeva, quando rendeva conto del proprio operato, che il terreno dietro di sé era coperto da compagni di sventura, come nelle notti d'estate i nostri tappeti dalle tarme mezze bruciacchiate. Questi sono i martiri della passione. La vita di questi uomini è iniziata con una grande avventura nella quale si sono tuffati con entusiasmo, hanno cercato di essere vincitori con un unico colpo. La stessa teoria vale anche per le imprese alpine, in maniera esemplare. Si dà quasi per scontato che i nostri giovani uomini vadano in Svizzera a scalare montagne. Sentono il naturale e irresistibile bisogno di fare ciò che tutti hanno fatto prima di loro, anzi, ancora di più, ciò che nessuno ha mai fatto. Il povero lord Francis Douglas aveva deciso di vincere il «Nastro azzurro delle Alpi». In tal caso, l'Alpine Club, promotore di questa crociata, avrebbe dovuto provvedere meglio alla sua attuazione, altrimenti siamo costretti a considerarlo una sciocchezza. Se si vuole portare a termine un lavoro, bisogna farlo da esperti. L'Alpine Club deve preoccuparsi della formazione dei principianti, così da renderli forti e resistenti, inoltre è necessario inventare nuovi strumenti da arrampicata che sopperiscano alle attuali carenze negli equipaggiamenti. L'obbligo di prudenza deve essere inculcato, le possibilità di riposarsi a sufficienza verificate e la responsabilità messa al centro. Ma soprattutto, la corda non deve spezzarsi. Quando un popolo disdegna il ricorso ad armi e mezzi di difesa di attestato valore perché contrari al vero spirito militare, presto il vicino che invece combatte con le armi della scienza e della tecnica lo manderà al tappeto. Noi non capiamo perché il Cervino debba essere conquistato esclusivamente tramite la forza dei muscoli. Anche se ci si servisse di tutti i mezzi possibili a disposizione, la sua conquista sarebbe comunque una grande impresa che comporterebbe dei rischi. Non dubitiamo che un uomo che non disdegna gli strumenti tecnici disponibili e non si espone a più pericoli del necessario sia un membro della società di maggior valore rispetto a un altro che lo fa soltanto per la fama di un'impresa temeraria. Crediamo inoltre che nemmeno una parola di quanto detto finora possa aiutare ad attenuare il dolore dei familiari, né quello degli amici sopravvissuti. I nostri argomenti convinceranno tutti, a prescindere dal valore che si possa attribuire alla vita delle vittime. Erano uomini straordinari, e noi non vogliamo né possiamo rassegnarci alla loro perdita. Non saranno morti invano, se questo avvertimento verrà preso per come è stato inteso.

L'abate Gorret traduce parti di questo articolo e le porta a Carrel. Lui si limita a scuotere il capo e torna nella sua malga.

32

Venerdì 21 luglio 1865, all'Hotel Mont Cervin di Zermatt si svolge un interrogatorio. Prima viene sentito Whymper, poi Taugwalder. Seguono anche Franz Andenmatten e Alexander Lochmatter, le due guide che avevano partecipato alla prima operazione di recupero. Le testimonianze di Whymper e di Taugwalder differiscono soltanto per pochi dettagli e un punto decisivo: l'ordine dei caduti. Taugwalder lo ricorda diversamente da Whymper. Hadow ha trascinato subito Croz con sé nel baratro, come dice di aver visto l'inglese, oppure sono stati Hadow, Hudson e Douglas a tirare giù la guida per ultima, come ricorda lo svizzero?

Nelle udienze istruttorie tenute nell'Hotel Mont Cervin e presiedute dal giudice Josef Anton Clemenz del distretto di Visp, dal cancelliere Donat Andenmatten e dall'usciere nominato ad hoc Johann Julen, vengono redatti dei verbali che non potranno essere resi pubblici.

Pone le domande il giudice istruttore Clemenz. Prima a Whymper, al turista: gli chiede nome, età, professione e luogo di residenza.

«Edward Whymper, venticinque anni, disegnatore, Londra, celibe.»

«Avete partecipato all'escursione che ha avuto inizio il 13 luglio con l'obiettivo di scalare il Cervino?»

«Sì.»

«Quanti erano i partecipanti a questa escursione?»

«Quando abbiamo lasciato Zermatt eravamo otto persone. Nello specifico: quattro turisti, due guide e due portatori. La mattina del 14 luglio uno dei portatori, uno dei figli di Peter

Taugwalder, ha lasciato il nostro campo notturno per tornare a Zermatt.»

«Quali sono i nomi dei quattro turisti, delle due guide e dei portatori rimasti?»

«Il reverendo Charles Hudson, Mr. Hadow, lord Francis Douglas e io; le guide: Michel Croz di Chamonix, Peter Taugwalder, il padre, di Zermatt; il portatore: Peter Taugwalder, il figlio.

«Qual è la residenza dei signori Douglas, Hudson e Hadow?»

«Mr. Hudson era vicario a Skillington, in Inghilterra. La residenza degli altri due non mi è nota.»

«A che ora siete partiti il 14 luglio, per raggiungere la cima del Cervino?»

«Abbiamo lasciato il campo alle 3 e 40 del mattino.»

«A che ora siete arrivati in vetta?»

«All'1 e 40 del pomeriggio.»

«Quanto tempo ci siete rimasti?»

«Un'ora.»

«Durante la discesa avete seguito la stessa direzione della salita?»

«Esattamente la stessa.»

«I quattro turisti e le guide erano legati con delle corde?»

«Sì, nel seguente ordine: davanti la guida Michel Croz, seguita da Hadow, Hudson, lord Douglas, la guida Taugwalder padre, poi io e infine Taugwalder figlio. Tra lord Douglas e Taugwalder padre la corda era meno spessa di quella tra Michel Croz e lord Douglas da una parte e padre e figlio Taugwalder dall'altra.»

«Com'è accaduto lo sfortunato evento?»

«Stavamo scendendo nel suddetto ordine. A circa trecento piedi dalla vetta siamo arrivati a un punto difficile, tutto roccia e neve. Per quanto ne so, al momento dell'incidente si stava muovendo soltanto Hadow. Si capiva che in discesa stava avendo grosse difficoltà. Per sicurezza, Michel Croz gli ha preso i piedi e glieli ha posizionati l'uno dopo l'altro sugli appoggi più adatti. Non saprei dire con certezza quale sia stata la vera causa dell'inci-

dente. Però credo che Michel Croz, dopo aver messo i piedi di Hadow sulle sporgenze, si sia girato per fare a sua volta un passo in giù. In quel momento Hadow è scivolato, trascinando con sé Croz. Questo doppio peso ha trascinato a sua volta Hudson, poi lord Douglas. I pochi istanti nel quale tutto ciò è accaduto hanno concesso a noi tre più su l'opportunità di puntare bene i piedi, così bene che la corda tra lord Douglas e Taugwalder padre si è spezzata. Due, tre secondi dopo abbiamo visto gli sventurati cadere di schiena, con le mani tese come per cercare aiuto, finché non sono spariti completamente. Dopo il primo grido di stupore lanciato da Michel Croz, non si è sentito più niente. Io e i due Taugwalder siamo scesi senza altri incidenti lungo la stessa via della salita, con la maggior cautela possibile, sempre in cerca di tracce dei nostri sfortunati compagni. Però abbiamo trovato soltanto due piccozze piantate nella neve. Come conseguenza della nostra prudenza e della ricerca, siamo stati sorpresi dalla notte a un'altitudine approssimativa di tredicimila piedi inglesi. A quel punto abbiamo allestito un accampamento su una superficie di circa dodici piedi, riprendendo la discesa il mattino seguente, sabato 15 luglio. Abbiamo raggiunto Zermatt alle 10 e 30 del mattino.»

«Durante l'operazione di recupero dei cadaveri eravate solo o accompagnato? Nel primo caso, vi invito a elencare i nomi di chi era con voi.»

«Ero in compagnia del reverendo McCormick, un amico di Mr. Hudson, del reverendo Robertson e di Mr. Phillpotts. A questi si aggiungono le guide Alexander Lochmatter, Franz Andenmatten di Saas Fee, Frédéric Payot di Chamonix e un'altra guida dello stesso paese di cui però non conosco il nome.»

«Avete trovato le quattro vittime?»

«Solo i cadaveri di tre di loro: Mr. Hudson, Mr. Hadow e Michel Croz.»

«Non avete informato le autorità di Zermatt del ritrovamento di tre cadaveri?»

«No, non ufficialmente. Ma dopo il mio ritorno a Zermatt, sabato mattina, ho messo al corrente del triste incidente il sindaco e l'ho anche pregato di inviare degli uomini sul posto nel caso in cui l'uno o l'altro dei miei compagni fosse ancora in vita. Sono stato esaudito e un considerevole numero di guide è entrato subito in azione. Sei ore dopo sono tornate indietro e ci hanno spiegato di aver avvistato i corpi, tuttavia impossibili da raggiungere quel giorno stesso. Domenica mattina quelle stesse guide si sono rifiutate di cercare le vittime. Ecco il motivo per il quale sono partito senza un'autorizzazione ufficiale e non mi sono sentito in dovere, al ritorno, di fare un rapporto ufficiale. La circostanza che tre dei cadaveri fossero stati rinvenuti è stata comunicata a tutti quelli che hanno preso parte a questa tragica vicenda.»

«Non avete trovato tracce di lord Douglas?»

«Ho trovato un paio di guanti che gli avevo dato io stesso a Zermatt, e la cintura di pelle che indossava durante l'ascensione.»

«C'è qualcosa nella vostra deposizione che vorreste rettificare o aggiungere?»

«Vorrei aggiungere che, a partire dalla mattina del 14 luglio, il figlio di Taugwalder, il quale fin lì ci aveva accompagnati come portatore, ci ha fatto da guida.»

Edward Whymper legge il verbale, lo approva e lo firma.

Segue, subito dopo, la deposizione di Peter Taugwalder:

«Peter Taugwalder, cinquantaquattro anni, coniugato, guida alpina, residente a Zermatt.»

«Il 14 luglio avete scalato il Cervino?»

«Sì.»

«In che veste avete intrapreso questa scalata?»

«In quella di guida.»

«Chi vi ha ingaggiato a tale scopo?»

«Lord Douglas e Whymper.»

«Prima della scalata del Cervino avevate già fatto escursioni con lord Douglas?»

«Sì, come guida l'ho accompagnato a Zinal e sul Gabelhorn.»

«Prima della scalata del Cervino siete stato informato sui partecipanti all'impresa, e vi siete espresso su chi avrebbe o non avrebbe dovuto prendervi parte, nonché sullo squilibrio tra numero di turisti e numero di guide?»

«Mi hanno comunicato il numero dei partecipanti. Io non ho protestato, però ho fatto notare che, rispetto al numero dei turisti, le guide erano poche. I signori Whymper e Hudson hanno risposto che loro erano bravi come delle guide, quindi non ho osato ribattere.»

«Chi ha legato i componenti della cordata prima della discesa?»

«I primi quattro, ovvero la guida Croz, Hadow, Hudson e lord Douglas sono stati legati da Croz. Con una corda a parte, io mi sono legato a lord Douglas.»

«Chi è stato legato per primo?»

«Non ricordo più con precisione chi sia stato legato per primo alla corda di Croz.»

«Di che qualità era questa corda?»

«Era nuova, robusta.»

«Chi ha legato voi a lord Douglas?»

«Io stesso.»

«Perché, tra lord Douglas e voi, è stata usata un'altra corda?»

«Perché l'ultimo pezzo non bastava per legare anche me.»

«A vostro avviso, la corda tra voi e lord Douglas era sufficientemente robusta?»

«Se avessi ritenuto quella corda non sufficientemente robusta, mi sarei guardato dal legarmi con essa a lord Douglas, per non mettere in pericolo né lui né me. Se l'avessi considerata troppo debole, lo avrei detto già prima di iniziare la scalata, rifiutandomi di compierla.»

«Forniteci dettagli più precisi sul luogo in cui è avvenuta la disgrazia.»

«Dopo essere scesi dalla vetta duecento, trecento metri al

massimo, abbiamo raggiunto il secondo dei punti più difficili, dove la montagna presenta solo blocchi di roccia piatta ed è molto arduo trovare appoggi. È stato lì che Hadow è scivolato trascinando gli altri, e questi poi hanno tirato giù anche Croz, dopo che la corda tra lord Douglas e me si è spezzata.»

«Voi trovate che siano state prese tutte le misure di sicurezza necessarie?»

«Certo. Ma resta il rammarico che Hadow fosse davvero un pessimo scalatore.»

«Come si è svolto l'incidente?»

«L'ho appena detto. Ma aggiungo che io, mio figlio e il signor Whymper avremmo voluto subito lasciare il luogo della disgrazia, invece siamo rimasti. Poi siamo scesi per trovare un punto in cui poter trascorrere la notte. Il giorno dopo siamo tornati sani e salvi a Zermatt.»

«Al momento della caduta, la corda era tesa?»

«Era tesa.»

«Cosa ne pensate del fatto che si sia spezzata?»

«Non so. Ma il peso di tre persone e la forza della loro caduta avrebbero potuto rompere anche una corda molto robusta.»

«Avete altro da aggiungere o da rettificare?»

«Aggiungo che, per potermi tenere meglio, mi sono girato verso la montagna. Visto che la corda tra Whymper e me non era tesa, per fortuna sono riuscito a passarla intorno a una sporgenza, cosa che mi ha aiutato a tenere e quindi a salvarci.»

«Sarebbe stato ancora possibile tenere i quattro uomini dopo che la corda si è spezzata?»

«Impossibile!»

«Voi avreste potuto salvare i turisti, qualora la corda non si fosse spezzata?»

«Sono convinto che con l'aiuto di Croz avrei potuto salvarli, sì.»

Peter Taugwalder legge il verbale, lo approva e lo firma.

33

Tornato a Londra, dopo aver letto l'articolo del *Times* Whymper si sente incompreso e aggredito. Il 26 luglio scrive una lettera a Edmund von Fellenberg, membro della sezione bernese del Club Alpino Svizzero, a cui allega uno scritto di difesa, la descrizione della tragedia del Cervino dal proprio punto di vista: *Siamo partiti giovedì alle 5 e 35 del mattino, non con l'intenzione di raggiungere quello stesso giorno chissà quale quota, bensì di fermarci una volta trovato un buon punto per piantare la tenda. Avevamo con noi provviste per tre giorni, nell'eventualità in cui la salita fosse durata più del previsto. Alle 11 e 50 troviamo una zona utile e ci fermiamo; siamo a quota undicimila piedi inglesi [3380 metri]. Croz e il maggiore dei figli di Taugwalder proseguono per effettuare una ricognizione, così il mattino dopo avremmo risparmiato tempo. Noi invece restiamo e costruiamo una piattaforma dove trascorrere la notte. Quando tornano, Croz e il ragazzo sono trionfanti, perché dicono di aver trovato fin su in alto terreno semplice: «Se foste venuti anche voi, avremmo potuto scalare la montagna e tornare senza problemi alla tenda!»*

Di buonumore, ci infiliamo sotto le nostre coperte di lana – lord F. Douglas, io e i Taugwalder dentro la tenda, gli altri fuori. Ma il sonno di cui altrimenti avremmo goduto è stato scacciato dal russare dei Taugwalder. Ci siamo svegliati molto prima dell'alba, abbiamo fatto colazione ed eravamo subito pronti. Siamo ripartiti venerdì alle 3 e 50 del mattino, lasciando sul posto Friedrich, il figlio più giovane di Taugwalder.

L'arrampicata è stata facile, e ben presto abbiamo raggiunto quota 12800 piedi [3900 metri], dove ci siamo riposati una mezz'ora. Poi abbiamo continuato fino alle 9 e 55, quindi riposato di nuovo, trattenendoci cinquanta minuti. A quel punto ci trovavamo sotto al punto che da Zermatt sembra verticale o a strapiombo, ma in realtà non è né l'uno né l'altro, per quanto ripido ed estremamente scosceso.

Fin lì eravamo saliti sulla parete nord-est e non avevamo incontrato la benché minima difficoltà, ma non potevamo più continuare come prima. Ci siamo spostati a destra, sulla parete nord. Per un tratto di due, trecento piedi, l'ascensione è stata difficile. L'arrampicata richiedeva grande prudenza. Avvicinandoci alla vetta, è migliorata fino a diventare così semplice che io e Croz ci siamo liberati dalla corda degli altri e siamo corsi fino al punto più alto, raggiunto da entrambi all'1 e 40 del pomeriggio. I compagni sono arrivati dieci minuti dopo di noi.

Whymper scrive questo primo resoconto della salita alla vetta a Interlaken, in una lettera che consegna al reverendo Hawker. Quasi per scusarsi scrive anche a Rimini, il segretario del CAI. Come se stesse chiedendo all'associazione italiana di essere assolto, senz'altro immaginando che, nel frattempo, Carrel sia stato informato della tragedia. Anche lui ora deve conoscere la sua versione dei fatti: *Un solo piede messo in fallo, un solo sdrucciolo fu la causa di tanta rovina. Non una colpa, non una disattenzione è da attribuirsi alle guide: tutte fecero ampiamente il loro dovere. Pure io sono persuaso che, se la corda fosse stata tesa regolarmente fra quelli che caddero come lo era fra Taugwalder e me, tutta questa spaventosa catastrofe avrebbe potuto essere evitata.* Se è vero che con ciò Whymper scagiona le guide, resta il fatto che, in prima persona, non voglia assumersi alcun tipo di responsabilità.

Di queste corde si discute ormai in tutte le Alpi. *Poiché i primi cinque uomini si erano legati mentre io disegnavo*, ricorda l'inglese, *non ho badato a quale corda stessero prendendo. In seguito ho dovuto dedurre che avessero trovato opportuno prendere quella e non un'altra. È stato detto che la corda si sia logorata contro le rocce: è falso. Si è spezzata a mezz'aria, e in precedenza non presentava danni di alcun tipo.* In questo primo resoconto di Whymper, la critica a Taugwalder si legge tra le righe, ma sei anni più tardi, nel suo libro *La salita sul Cervino*, muove rimproveri pesanti: *Chiesi di vedere subito la corda che aveva ceduto e mi accorsi, con sorpresa o, per meglio dire con orrore, che si trattava della meno resistente delle tre. Non era stata portata, e non avrebbe dovuto essere impiegata, per quello scopo. Era vecchia e, a paragone delle altre, debole. Sarebbe dovuta rimanere di riserva, nel caso che ci fosse toccato abbandonare molta corda in parete. [...] Se Taugwalder avesse pensato all'eventualità di un incidente, sarebbe stato suo interesse far sì che la corda debole fosse stata laddove questa venne a trovarsi.*

Questa è un'illazione immane. La responsabilità di quel momento ricadeva esclusivamente su Whymper. Aveva portato lui le corde, decideva lui come e dove impiegarle, soltanto lui le conosceva per lunghezza, diametro e usura. Non si considerava lui stesso una guida? E allora dov'è, quando la cordata si prepara alla discesa? Sta facendo un disegno della vetta. Ma assumere il comando significa assumersi anche un surplus di responsabilità, mantenere il controllo generale della situazione, tenere d'occhio tutti. Whymper aveva in Carrel l'esempio migliore, da parte di una guida, di cosa significasse essere consapevoli di avere delle responsabilità; in fondo era stato lui stesso testimone delle sue premure. Anche Taugwalder padre era un uomo d'onore per il quale la sicurezza dei clienti era importante quanto la sua stessa vita. Whymper si era legato, all'ultimo momento, tra lui e suo figlio, indubbiamente la posizione più sicura. Se Peter non avesse reagito all'istante a quella caduta molteplice, se la sua forza o il suo corpo avessero ceduto, se il picco roccioso sul quale correva la corda si fosse crepato... lui e Whymper, e poi anche suo figlio, sarebbero stati trascinati verso la morte.

Mai e poi mai Taugwalder avrebbe messo a repentaglio la vita di Douglas, verso il quale era responsabile in qualità di guida. Non lo avrebbe fatto né di proposito né per negligenza. Se avesse potuto decidere da solo, tra sé e il figlio ci sarebbe stato il suo signore, non Whymper. Senza dubbio, con Croz avrebbe messo una corda fissa nel punto dell'incidente, se l'inglese avesse ordinato di farlo.

Domenica 23 luglio Peter Taugwalder viene interrogato una seconda volta. Perché lui soltanto, e perché di domenica? Whymper è partito, ma ha lasciato indietro altre domande da porre a Taugwalder padre in udienza istruttoria.

« I vostri ricordi sono cambiati rispetto all'ultima deposizione? Avete qualcosa da aggiungere o da rettificare? » domanda Josef Anton Clemenz.

« Niente! Se non che, prima di raggiungere il punto difficile, ho detto alla guida Croz di tendere una corda per maggiore sicurezza. Lui mi ha risposto che non era necessario », risponde Taugwalder, e il segretario annota la risposta.

Che Taugwalder intendesse una corda fissa a cui reggersi, messa sulla roccia per offrire supporto agli scalatori, il giudice non è in grado di dedurlo. Il linguaggio e il mestiere dello scalatore in generale vanno oltre la sua esperienza.

« Vostro figlio ha visto come si è svolto l'incidente? » prosegue.

« A malapena, perché poi mi ha chiesto: "Ci siete ancora, padre?" »

Il giudice Clemenz legge la successiva domanda di Whymper: « Come mai tra voi e Croz si trovavano tre signori, e tra voi e vostro figlio soltanto uno? Il giudice istruttore è del parere che questa suddivisione non sia stata ragionevole. Cosa avete voi da dire in proposito? »

« In testa c'era la guida Croz, poi veniva Hadow e poi Hudson, che si definiva guida. Seguivano Douglas, io, Whymper e mio figlio. Se il signor giudice dà per buono che Hudson avesse le caratteristiche di una guida, potrà capire come ogni turista si trovasse tra due guide. »

« La cordata considerava Hudson una guida? »

« Lo ha detto lui stesso che non aveva bisogno di guide e che poteva svolgere da solo quel compito. »

« Chi ha messo a disposizione la corda con la quale avete legato lord Douglas? »

« I signori turisti. »

«Vostro figlio è stato preso in servizio come guida o portatore?»

«Il primo giorno come portatore, il secondo come guida. All'inizio i signori volevano rispedirlo indietro, dicendo che come guide saremmo bastati io e Croz. Alla mia richiesta di farlo venire come portatore, i signori poi lo hanno ingaggiato come guida.»

«A che ora siete partiti il 13 luglio da Zermatt?»

«Tra le cinque e le sei del mattino.»

«A che ora siete arrivati nel punto dove avreste passato la notte?»

«A mezzogiorno.»

«E da lì quando siete partiti, il 14 luglio?»

«Alle due di notte circa. Poi abbiamo indugiato per una mezz'ora abbondante. I signori erano di buonumore e hanno anche lanciato delle grida di gioia.»

«Nella sua spiegazione, Whymper ha detto che Hadow è scivolato per primo e che poi ha trascinato Croz; insieme, hanno a loro volta trascinato Hudson e Douglas. Lui e voi due Taugwalder avreste quindi avuto il tempo di attaccarvi saldamente. In quel momento, la corda si è spezzata. Nella vostra risposta, invece, voi dite che Hadow è scivolato per primo, poi lo hanno seguito Hudson e Douglas, e solo allora Croz: dopo la rottura della corda. Giacché la vostra testimonianza e quella di Whymper non concordano, ora siete invitato a dire se volete continuare a sostenere la vostra versione.»

«Il signor Whymper si trovava in un punto sopra di me, da dove poteva rendersi conto dello sfortunato incidente che stava accadendo, quindi può anche darsi che la sua testimonianza sia più accurata della mia. Non voglio insistere sul fatto che Croz sia caduto soltanto dopo gli altri tre, anche perché tutto si è svolto nel giro di un unico istante. Eravamo così scossi che oggi non mi è possibile riportare con precisione la dinamica degli eventi.»

«Avete altro da aggiungere alle vostre informazioni o qualcosa da rettificare?»

«Ripeto che, per potermi tenere meglio, mi sono girato verso la montagna. Dato che la corda tra me e Whymper era su una sporgenza rocciosa e non tesa, fortunatamente sono riuscito a reggermi salvando noi tre. Quest'altra corda però mi ha trasmesso, con la caduta, dei colpi così forti ai fianchi che, nei punti dove avevo la corda avvolta attorno al corpo, sento ancora male.»

Per la seconda volta, Peter Taugwalder legge, approva e firma il verbale.

Sembra che qualcuno sia particolarmente interessato alla rottura della corda. Il motivo per cui Taugwalder padre sia stato consultato in proposito una seconda volta, di domenica, resta un mistero così come il tono di questo interrogatorio. Normalmente, a Zermatt il riposo domenicale viene osservato con grande rigore.

Non c'è dubbio, l'autorità competente non si sente veramente in grado di giudicare questa catastrofe del Cervino. È per questo che il giudice istruttore non fa pubblicare i verbali? Oppure è perché bisogna dare agio a Whymper di mettere per iscritto la sua storia? Lui è l'unico signore sopravvissuto, membro dell'Alpine Club, e a Londra ha iniziato a riassumere gli eventi con parole e immagini. Secondo i propri ricordi. Dipingendo la vicenda come un trionfo inglese. E poi colloca la storia in epoca vittoriana, la carica della sua drammaturgia. L'Inghilterra è una potenza mondiale. Nonostante le prime aspre critiche alla patria, Whymper resta in tutto e per tutto un cittadino britannico. Gli altri due sopravvissuti, invece, sono gente del posto, montanari; parlano un dialetto, il *patois*, difficile da comprendere. Sanno scrivere a malapena il proprio nome, di più no.

Nelle conclusioni, esaminate e pubblicate soltanto molti anni più tardi, la commissione d'inchiesta segue le descrizioni di Whymper:

La commissione d'inchiesta del distretto di Visp, costituita dal giudice istruttore Joseph Anton Clemenz e dal segretario C. Clemenz, entrambi residenti a Visp, dispone l'archiviazione del procedimento nell'inchiesta aperta d'ufficio sull'incidente avvenuto sul Cervino.

Conclusioni:
Il 13 luglio, ore cinque del mattino, un gruppo lascia Zermatt per tentare la scalata del Cervino. È costituito da lord Douglas, Hudson, Eduard Whymper e Hadow, più le guide Michel Croz di Chamonix, Peter Taugwalder padre e Peter Taugwalder figlio, entrambi di Zermatt. Il 13 sera trascorrono la notte ai piedi della montagna. Il giorno seguente lasciano l'accampamento alle 3 e 40 del mattino e all'1 e 40 arrivano in cima. Per scendere utilizzano la stessa via della salita, procedendo in cordata nel seguente ordine: in testa al gruppo si trova la guida Croz, cui seguono Hadow, Hudson, lord Douglas, Taugwalder padre, Whymper e Taugwalder figlio. A una distanza di circa trecento piedi al di sotto della vetta, raggiungono un blocco roccioso coperto di neve dove è difficile trovare appoggi sicuri. Mentre superano questo pericoloso punto, Hadow scivola e, nella caduta, trascina con sé la guida Croz. Questo doppio peso trascina anche Hudson, poi lord Douglas. Nel breve tempo in cui si svolge l'incidente, gli altri riescono a tenersi aggrappati, e lo fanno così bene che la corda tra lord Douglas e Taugwalder padre si spezza.

In seguito i sopravvissuti scendono in tutta prudenza e arrivano a Zermatt, senza ulteriori incidenti, il 15 luglio alle 10 e 30, dopo aver trascorso la notte tra il 14 e il 15 a un'altitudine di tredicimila piedi inglesi sopra una sporgenza rocciosa ampia circa dodici piedi.
Considerato:
che dalla fattispecie suddetta non possa desumersi alcun fatto o condotta penalmente rilevante;
che il signor Hadow ha causato l'incidente;
che alla luce della precedente spiegazione nessuno può essere accusato di aver commesso errori o atti delittuosi,
la commissione dispone:
che il procedimento venga archiviato e le spese siano a carico dello Stato.

34

Com'è facile trarre da una catastrofe uno scandalo, e da uno scandalo un reato. Il 31 luglio 1865, lo scrittore Alfred Meissner di Interlaken invia un articolo alla *Neue Freie Presse* di Vienna, che il 4 agosto 1865 lo pubblica in prima pagina. Meissner racconta della prima scalata del Cervino come se vi avesse partecipato, ma in realtà la sua versione della storia si nutre soltanto di dicerie. Il suo preambolo non è altro che una giustificazione per aver creato un buon pezzo a partire da qualche chiacchiera:

> *Tornavo di buonumore nel mio albergo di Interlaken dopo un incontro di lotta svizzera, e ho visto che nel frattempo vi si erano radunati dei viaggiatori da Zermatt. I loro racconti hanno subito portato un'atmosfera di fredda serietà. L'orrenda catastrofe sul Cervino continua a essere argomento di conversazione. Proprio ora l'ho sentita raccontare in una versione che le ha conferito un approfondimento terribile.*

Meissner sa poco della dinamica dell'incidente, e assolutamente nulla delle tecniche di sicurezza in montagna. Inoltre l'incidente non si presta a essere trasformato in scandalo a sfondo moralistico. Eppure lui ci prova lo stesso, con questo suo articolo:

> *Ormai tutta la fila scivolava e rotolava in giù a velocità tremenda, ma gli ultimi tre, Taugwalder, Whymper e Taugwalder figlio, si reggevano ancora in piedi, anzi, cercavano di mettersi in posizione stabile piantando nella roccia i loro bastoni. Taugwalder padre non aveva perso la presenza di spirito. Puntando il ginocchio contro una sporgenza rocciosa,*

riuscì ad avvolgersi due giri di corda attorno al polso destro. Anche Whymper e Taugwalder figlio resistevano.

Nel frattempo i primi quattro penzolavano nel vuoto e tentavano invano di trovare appigli con mani e piedi. Scivolavano sempre più in basso e presto sparirono completamente dietro uno spigolo di roccia sotto gli occhi dei compagni. E così trascorse forse un intero minuto, mentre i superstiti oscillavano sopra al vuoto come aggrappati a un tetto scosceso. Nel frattempo la corda si strinse terribilmente intorno al polso di Taugwalder padre, che tratteneva dalla caduta l'intero peso di quattro uomini sospesi che gesticolano convulsamente, e gli logorò, scivolando a poco a poco sempre di più, la pelle e la carne come un guanto che si vorrebbe sfilare al rovescio. E ancora i sospesi non riuscivano a risollevarsi e a mettersi in salvo! In quel momento, mentre le forze lo abbandonavano e il dolore al braccio legato gli faceva quasi perdere i sensi, pare che Taugwalder padre abbia detto: «Questi ci trascinano giù tutti, siamo perduti!» In quell'istante la corda si spezzò, o fu un coltello, estratto da dietro alla schiena di Taugwalder, a tagliarla? Presto coloro che erano appesi all'estremità inferiore, diventati invisibili agli altri, precipitarono nel vuoto. Fu visibile soltanto la caduta di due di loro. A tratti battevano contro una sporgenza rocciosa, poi rimbalzavano e cadevano di nuovo. Alla fine atterrarono su un nevaio a quattromila piedi dal luogo dell'accaduto.

Si salvarono in tre. Proseguirono il loro tremendo viaggio in parte calandosi lungo tratti di corde rimaste fissate agli spigoli di roccia. La sera, dopo quell'orrore smisurato, tornarono al sicuro e, per quanto ancora nella neve, poterono riposare per la durata di una notte.

In tutti questi terribili momenti, Whymper non ha mai proferito parola.

Non mi meraviglia che l'inglese sia rimasto ammutolito di fronte a ciò che ha visto e vissuto.

Sarà anche vero che quell'iniziativa di autotutela presa nel più tragico dei momenti sia stata un diritto e il taglio della corda soltanto un'amputazione che ha rimosso quanto ormai preda della morte, salvando a tale prezzo chi era ancora in piedi. Ciò non toglie che resti un gesto orrendo, la cui responsabilità agli occhi della coscienza possa, io credo, portare un uomo vicino alla follia. E ora l'arrivo a Zermatt e il ritrovamento dei cadaveri (così maciullati che non c'è stato nemmeno il coraggio di riportarli in paese): il mattino seguente, attorno alle undici, i tre sopravvissuti giunsero a Zermatt. Vennero organizzate le ricerche, si videro i corpi mutilati, un religioso inglese presente al recupero tolse un libro di preghiere dalla tasca del reverendo Hudson, dedicò ai morti il Salmo 90 e li seppellì dov'erano.

Se anche la rottura della corda – come si dice adesso – non sia stata un caso, l'inglese potrebbe comunque dire: che cosa volete voi? A me non restava altra scelta! Ho agito come un generale: ho rinunciato a loro, che minacciavano di trascinarci tutti nella rovina, e con un gesto di semplice autodifesa ho salvato due vite oltre la mia. Ho regalato al padre suo figlio, al figlio suo padre. Che cosa volete voi? Senza di me saremmo tutti e sette in fondo al burrone. E meno male che Hudson non aveva portato la sua fune metallica!

Whymper è passato da Interlaken. La gente che lo conosceva già da prima dice di averlo trovato assolutamente sconvolto e turbato nel profondo dell'animo dal ricordo di quel giorno.

La stampa svizzera, che garantisce per le guide, nega il taglio della corda e insiste sulla rottura accidentale. A ogni modo questa tragedia, svoltasi nell'abisso tra ghiaccio e neve, è da vedere molto al di fuori della sfera di competenza di una magistratura umana.

Questa versione trova grande riscontro. L'articolo viene ristampato anche in altri quotidiani, è molto letto e discusso. Anche Carrel ne viene a conoscenza. L'unica cosa con cui concorda è l'ultima frase. Come la stampa svizzera, prende fermamente posizione contro la versione del taglio della corda, perché dal resoconto originale di Whymper e dalle affermazioni dei due Taugwalder può dedurre che, in simili circostanze, compiere un gesto del genere non sarebbe stato mai e poi mai possibile.

Ma perché lo stesso Whymper tace in merito a questo rimprovero? È poco probabile che non ne sia venuto a conoscenza tramite le accuse di Meissner oppure tramite i vari commenti. Non reagisce, e la sua strategia ha successo. Invece di sollevare polemiche sui giornali o di denunciare l'autore per diffamazione, rigira il rimprovero nel suo libro *Scalate nelle Alpi: conquista del Cervino*, il quale esce sei anni dopo la catastrofe ed è ancora oggi costantemente ristampato. Per poter accusare Taugwalder, deve prima difenderlo: *Il vecchio Peter Taugwalder è ora uomo che soffre per un'accusa ingiusta. Nonostante ripetuti dinieghi, anche i suoi vicini e compagni persistono nell'insinuare (o nell'asserire) che egli abbia* tagliato *la corda che lo legava a lord Douglas. A proposito di questa infame accusa, io posso dire che egli* non poteva farlo*, al momento della caduta, e lo spezzone di corda in mio possesso dimostra che egli non lo fece neanche prima.*

Ma poi passa all'attacco: *Però è evidente che la corda che si ruppe era la più sottile e la più debole che avevamo. Comunque è solo un sospetto perché è improbabile che uno qualsiasi dei quattro uomini che marciavano davanti abbia scelto una corda vecchia e debole quando c'era abbondanza di quella nuova e più resistente; e, in secondo luogo, perché se Taugwalder avesse pensato all'eventualità di un incidente, sarebbe stato suo interesse far sì che la corda debole fosse stata laddove questa venne a trovarsi. Sarei felice di sapere che le sue risposte alle domande che gli vennero fatte sono state soddisfacenti.*

Una corda spezzata come simbolo della perfidia degli scalatori? La questione è: strappata o tagliata? E quando, da chi? Perché? Grande enigma per i cittadini, un dilemma morale. Carrel, tuttavia, lo affronta dal lato pratico: *prima che la corda si rompesse, nessuno avrebbe potuto tagliarla, né con il coltello né con la punta della piccozza*. Solo una fantasia maligna attribuisce a Whymper, a Taugwalder o a entrambi la salvezza tramite il taglio della corda. Sono entrambi innocenti. Whymper tuttavia dedicherà una vita al tentativo di minimizzare le proprie responsabilità, addossandole a Taugwalder. E questo Carrel non glielo perdonerà mai.

Taugwalder padre, che non può difendersi, tace sull'ingiustizia. Ferito nell'orgoglio, non si aspetta aiuto da nessuno. L'autodifesa di Whymper, invece, che presuppone il silenzio dell'altro, trascura completamente la leggerezza con la quale l'inglese si è buttato nelle sue imprese sul Cervino.

35

Salta all'occhio come, all'epoca di Whymper, i maggiori sostenitori dell'alpinismo siano aristocratici, ricchi figli di industriali nonché svariati uomini di Chiesa. Questi ultimi si sentono particolarmente toccati dalla bellezza e dalla maestosità delle montagne. Che in vetta percepiscano maggiore vicinanza al Signore? Oppure è il silenzio dei rilievi, questi muti ammonitori, a evocare immagini dell'Aldilà? Alle domande critiche dell'opinione pubblica – cosa c'è di ragionevole in una vita provocata dalla presenza della morte? – non rispondono. La dimensione morale, l'interrogativo se siano ammissibili comportamenti del genere, se non siano peccato, trovano nella giustificazione di Whymper alla sua scalata sul Cervino soltanto una spiegazione elusiva.

E Whymper, tornato in patria, in un primo momento non nutre altro che rabbia. Il suo sogno, quello di conquistare il Cervino ed essere celebrato come un eroe dall'Alpine Club, non si è avverato. Lui, unico inglese sopravvissuto, è al centro delle polemiche. Ha messo piede per primo sulla vetta, sì, ma lord Douglas – una star in Inghilterra – è precipitato. Con mezza cordata. Chi è responsabile di questa catastrofe? Non sono soltanto i giornali a chiedere spiegazioni. L'ostinato vincitore del Cervino, che ha scaricato tutte le responsabilità su Peter Taugwalder e indicato come causa dell'incidente Hadow, all'inizio non riceve l'assoluzione dell'opinione pubblica.

In una risposta tardiva di Whymper al religioso Richard Glover, che lo aveva difeso in una lettera al direttore del *Times*, ecco emergere chiaramente il suo dilemma:

Egregio Mr. Glover,

la vostra lettera del 31 luglio mi è stata inoltrata da un amico che l'aveva trovata nella Club Room. Vi prego di perdonare questa risposta così tardiva, ma sono subissato di corrispondenza. La gente parla della futilità dei desideri terreni, e a tutti prima o poi è capitato di sentire che fossero ingannevoli. Non me ne ero mai accorto tanto quanto ora. Per cinque anni ho sognato il Cervino, gli ho dedicato tempo e fatica, e alla fine ce l'ho fatta. Adesso, non ne sopporto più nemmeno il nome. Mi viene voglia di maledire l'ora in cui l'ho scorto.

Le congratulazioni per quanto compiuto sono diventate cenere e amarezza, e ciò che speravo avrebbe suscitato gioia ha invece portato soltanto grande dolore. È un insegnamento che non potrò mai dimenticare.

Ho visto la vostra lettera al direttore poco dopo la sua pubblicazione sul giornale e vi sono molto grato per esservi preso il disturbo di dipingermi sotto una luce positiva agli occhi della gente. Ciononostante devo rettificare – sono sicuro che capiti anche voi – l'accenno che avete fatto al povero lord Douglas. Non avevo mai incontrato un escursionista migliore né un arrampicatore più promettente di lui. Se non fosse stato per questo fatale incontro con gli altri, avremmo potuto concludere la scalata in tutta sicurezza. Che serie di casualità determina la vita! L'anno scorso ero a Zermatt con l'intenzione di seguire la stessa via di quest'anno. Per motivi di lavoro, tuttavia, sono stato costretto a ripartire senza nemmeno fare un tentativo. Se non ci fossero stati di mezzo gli affari, già allora sarei riuscito, e noi adesso non dovremmo piangere questa tremenda disgrazia. Se la sera del 12 avessimo iniziato la cena solo una mezz'ora prima, non avrei mai incontrato Hudson e Hadow, e la sventura si sarebbe potuta evitare.

Per quanto mi riguarda, non posso affatto sentirmi in

colpa – se non per aver permesso che Hadow venisse con noi; nonostante ciò, se avessi saputo che cosa sarebbe successo, credo che avrei agito allo stesso modo.

Distinti saluti,
Ed. Whymper

Già a Zermatt il reverendo Robertson aveva consigliato a Whymper di non trasformare l'incidente in un caso, evitando ogni genere di polemica. Il 27 agosto, quando nel frattempo lo scandalo si è trasformato in un reato, Whymper si lamenta con lui in una lettera:

Il modo in cui, nel viaggio di ritorno a casa, sono stato perseguitato da gente impertinente non ha precedenti. Mi sarei dovuto attenere alla decisione presa a Zermatt, ma ormai è troppo tardi: si dice di tutto come fossero bonarie chiacchiere, e le tante sciocchezze che vengono scritte richiedono una risposta da parte mia. Dopo aver ricevuto due lettere da Wills nelle quali venivo esortato a scrivere, oltre che due dall'editore del Times *e svariate altre da amici la cui opinione più o meno mi interessa, ho ceduto.*

36

Sir, dopo le incalzanti esortazioni da parte del presidente del Club Alpino così come dalla vostra affinché scrivessi un resoconto sull'incidente del Cervino, non posso tacere oltre e vi fornisco – per la pubblicazione – una scarna descrizione dell'incidente stesso e degli eventi che lo hanno preceduto e seguito.

È così che Whymper comincia la sua lettera all'editore del *Times*. Nel racconto che segue, stampato l'8 agosto 1865, descrive per la prima volta nei dettagli la sciagura sul Cervino dal proprio punto di vista.

La mattina di mercoledì 12 luglio, io e lord Francis Douglas abbiamo passato il Colle del Teodulo per trovare delle guide a Zermatt. Dopo esserci lasciati alle spalle la neve della parete nord, abbiamo fatto il giro del piede del ghiacciaio, traversato quello del Furggen e lasciato la mia tenda, le corde e altro nella piccola cappella dello Schwarzsee. Poi siamo scesi verso Zermatt, abbiamo ingaggiato Peter Taugwalder e lasciato scegliere a lui una seconda guida. Nel corso della serata è arrivato nel nostro albergo il reverendo Charles Hudson con un amico, Mr. Hadow; alle nostre domande, hanno manifestato l'intenzione di sferrare l'offensiva alla montagna. Lord Francis Douglas era del mio stesso avviso, ovvero che non valesse la pena avere due gruppi separati in azione nello stesso momento e con lo stesso obiettivo. Mr. Hudson è quindi stato invitato a unirsi a noi, e ha accettato la proposta. Prima di accogliere nel gruppo anche Mr. Hadow, per prudenza ho chiesto cosa avesse già fatto sulle Alpi e, per quello che ricordo, Hudson aveva risposto: «Mr. Hadow ha scalato il Monte Bianco in meno tempo di molta altra gente». Poi aveva elencato una serie di arrampicate a me sconosciute, aggiungendo: «Sono del parere che sia bravo abbastanza da poter venire con noi». La sua era una testimonianza d'eccellenza, in quanto proveniva da uno scalatore di prima classe, e così Mr. Hadow è stato accolto nel gruppo. Alla fine abbiamo discusso la questione delle guide. Hadow e Hudson avevano con loro Michel Croz, e Hudson diceva che, se fosse venuto anche Peter Taugwalder, non ci sarebbe stato bisogno di nessun altro. La richiesta è stata poi girata ai due diretti interessati, che non hanno sollevato obiezioni.

Abbiamo lasciato Zermatt giovedì mattina alle 5 e 35; i due figli di Taugwalder sono venuti con noi come portatori su richiesta del padre. Trasportavano provviste sufficienti per l'intero gruppo, qualora l'ascensione si fosse rivelata più impegnativa del previsto. Da Zermatt non portarono corde, perché nella cappella dello Schwarzsee ce n'erano a disposizione più che a sufficienza. Si riproponeva sempre la domanda sul perché la fune metallica portata da Mr. Hudson a Zermatt non fosse stata presa. Io non lo so; Mr. Hudson non l'aveva nominata e io non l'avevo mai vista. Durante la spedizione sono state utilizzate esclusivamente mie corde: anzitutto avevamo circa duecento piedi di corda del Club; poi circa centocinquanta piedi di una corda a mio avviso ancora più robusta di quella; infine oltre duecento piedi di una corda più leggera e più debole, del tipo che io stesso avevo utilizzato prima che spuntasse la corda del Club.

Era nostra intenzione, quando abbiamo lasciato Zermatt, dare seriamente l'assalto alla montagna, non soltanto esplorarla o andare in ricognizione, come spesso sostenuto. Avevamo con noi anche tutto ciò che, sulla base della nostra lunga esperienza, ritenevamo necessario per vette di quella portata.

Il primo giorno non volevamo spingerci a grandi altitudi-

ni, bensì fermarci appena avessimo trovato un buon posto per la tenda. E così siamo saliti con molta calma; abbiamo lasciato lo Schwarzsee alle 8 e 20, seguito la cresta che collega l'Hörnli alla cima vera e propria e raggiunto il suo piede alle 11 e 20 dopo frequenti pause. Lasciata la cresta, abbiamo proseguito sulla sinistra e siamo risaliti dal versante nord-est. Prima delle 12 avevamo già trovato, a quota undicimila piedi, un buon punto per la tenda; Croz e il maggiore dei due figli di Taugwalder hanno tuttavia proseguito per vedere come fosse il terreno più su. La loro ricognizione sarebbe servita a risparmiare tempo il giorno dopo. Gli altri hanno preparato la piattaforma per la tenda e, quando questa fu pronta, gli uomini tornarono annunciandoci con entusiasmo che, fin dove erano arrivati, era tutto a posto: se fossimo andati con loro, avremmo potuto conquistare la montagna quel giorno stesso e tornare sani e salvi all'accampamento. Io ho trascorso le ultime ore di luce disegnando, gli altri seduti al sole. Quando poi il tramonto ci ha promesso un tempo splendido per il giorno seguente, siamo tornati in tenda per apprestarci a trascorrere la notte. Hudson ha preparato del tè, io del caffè, poi ci siamo infilati sotto le nostre coperte. Io, i Taugwalder e lord Francis Douglas abbiamo dormito in tenda, mentre gli altri hanno preferito restare all'aperto. Ancora nel cuore della notte, le nostre risate e i canti delle guide riecheggiavano contro le rocce sopra di noi. Eravamo felici nell'accampamento e io sognavo la vetta, non la disgrazia.

La mattina del 14 ci siamo svegliati molto prima dell'alba, partendo non appena possibile e lasciando il più giovane dei figli di Taugwalder al campo. Alle 6 e 20 avevamo raggiunto quota dodicimilaottocento piedi e per una mezz'ora abbiamo riposato. Poi ci siamo arrampicati senza altre pause fino alle 9 e 55, quando, probabilmente a quattordicimila piedi, ci siamo fermati per quindici minuti. Fino ad allora avevamo salito il versante nord-est senza imbatterci in alcun tipo di difficoltà. Per gran parte del percorso la corda non è mai stata necessa-

ria; a volte andava da primo Hudson, a volte io stesso. A quel punto eravamo arrivati ai piedi di quel tratto che da Zermatt sembra verticale o a strapiombo, quindi non potevamo più restare sullo stesso versante. Su decisione comune abbiamo perciò percorso parte della cresta rivolta a Zermatt e poi abbiamo traversato sulla destra, passando al versante nord-ovest. Prima avevamo cambiato l'ordine: adesso andava da primo Croz, poi io, Hudson terzo, Hadow e il vecchio Taugwalder. Questo perché per un certo periodo l'ascensione è stata dura e la prudenza d'obbligo.

Dove sono lord Douglas e il giovane Taugwalder? Whymper li ha dimenticati, nella concitazione? Forse, ma ovviamente ci sono anche loro.

In alcuni punti c'era meno presa e perciò davanti doveva stare chi aveva meno possibilità di scivolare. La pendenza a quel punto era inferiore ai quaranta gradi, perciò si era accumulata della neve che colmava le irregolarità delle rocce e lasciava liberi solo alcuni punti che qua e là balzavano all'occhio. Questi erano parzialmente coperti da un sottile strato di ghiaccio, frutto di neve disciolta che durante la notte si era congelata di nuovo. Nonostante ciò, qualunque alpinista almeno un po' in gamba sarebbe stato capace di superarli in sicurezza. Ormai avevamo capito che il giovane Howard Hadow non era abituato a quel tipo di arrampicata e che necessitava di aiuto costante, ma nessuno ha proposto di lasciarlo indietro, quindi è stato portato fino in cima. Va detto che le difficoltà incontrate da Mr. Hadow in quel tratto non erano conseguenza di stanchezza o mancanza di coraggio, bensì di pura e semplice mancanza d'esercizio. Mr. Hudson, che si trovava dietro di me, ha superato quei passaggi e, per quanto ne so, l'intero dislivello, senza mai bisogno del più piccolo aiuto. Talvolta, quando Croz mi ha dato la mano o tirato su, io mi sono girato per aiutare a mia volta Hudson, ma lui rifiutava sempre e diceva che non era necessario. L'unico tratto veramente difficile non è stato molto lungo, di certo non oltre i trecento piedi, dopodiché il terreno verso la vetta si è fatto sempre meno ripido; alla fine la pendenza è diventata moderata, tanto che io e Croz ci siamo slegati e siamo corsi verso la cima. Noi siamo arrivati all'1 e 40 del pomeriggio, gli altri dieci minuti dopo.

Mi è stato chiesto di descrivere soprattutto lo stato in cui si trovava il nostro gruppo sulla vetta. Nessuno dava segni di sfinimento, e niente mi ha lasciato supporre che qualcuno fosse stanco. Quando l'ho chiesto a Croz, lui mi ha preso in giro.

Eravamo in cammino da nemmeno dieci ore e in quell'arco di tempo ne avevamo dedicate quasi due al riposo. L'unica osservazione che in un certo senso alludeva al pericolo è venuta da Croz, ma è stata detta molto casualmente e con ogni probabilità non significava nulla. Ha detto, in risposta al mio commento sul fatto che fossimo saliti molto lentamente: «Sì, preferirei anche scendere da solo con voi e un'altra guida piuttosto che con tutti gli altri qui». Poi ci eravamo messi a parlare di quello che avremmo voluto fare quella sera stessa, dopo il nostro ritorno a Zermatt.

Siamo rimasti un'ora in vetta e nel frattempo io e Hudson ci siamo consultati sul modo più sicuro per scendere. Abbiamo concordato che la cosa di gran lunga migliore sarebbe stata far scendere Croz, il più forte, per primo, e mettere Hadow come secondo. Hudson, che aveva il passo sicuro come quello di una guida, voleva essere terzo, poi si è messo lord Douglas e dietro di lui Taugwalder figlio, il più forte tra i rimanenti. Io ho proposto a Hudson di fissare, come misura di sicurezza aggiuntiva, una corda a cui poterci reggere per il passaggio più impegnativo. Lui l'ha trovata una buona idea, ma non è stata presa la decisione definitiva di metterla in pratica. Il gruppo è stato disposto secondo l'ordine di cui sopra mentre io stavo ancora realizzando un disegno della vetta. Gli altri aspettavano che anche io mi legassi, e a quel punto a qualcuno è venuto in mente che ci eravamo dimenticati di lasciare i nostri nomi sulla vetta, dentro una bottiglia. Hanno chiesto a me di pensarci e nel frattempo si sono messi in marcia. Li ho raggiunti quando stavano già per affrontare il passaggio difficile in discesa. Qualche minuto dopo mi sono legato al giovane Taugwalder e li ho seguiti. Si procedeva con grande prudenza. Uno scendeva di un tratto e solo quando era in posizione di sicurezza partiva l'altro. Sempre avanti così. La distanza media tra ogni componente misurava circa venti piedi. La corda aggiuntiva però non è stata fissata alle rocce, né è più stata nominata. Quella misura di sicurezza era stata pensata soltanto per Hadow, e io non sono sicuro se io stesso l'avessi ancora in mente.

Come ho già spiegato, all'inizio non ero in cordata con gli altri. Li seguivo, ma dopo un quarto d'ora circa lord Douglas mi ha pregato di legarmi al vecchio Taugwalder perché, come mi ha detto, temeva che la guida non sarebbe riuscita a tenerlo, qualora fosse caduto. Tutto ciò è accaduto neanche dieci minuti prima dell'incidente, e ha senza dubbio salvato la vita a Taugwalder.

Per quanto mi ricordi, nell'istante della disgrazia nessuno si stava muovendo. Ma non posso dirlo con certezza, e i Taugwalder neppure, perché erano entrambi parzialmente coperti da un blocco di roccia che ci separava. Il povero Croz aveva messo da parte la sua piccozza per poter dare più sicurezza a Mr. Hadow; gli prendeva le gambe e gli metteva un piede dopo l'altro sugli appoggi giusti. Dai movimenti delle sue spalle ho dedotto che Croz lo aveva fatto proprio in quel momento e che si stava girando per scendere a sua volta di uno o due passi, ma Hadow è scivolato, gli è caduto addosso e lo ha fatto cadere. Ho udito il suo grido di terrore, poi ho visto lui e Mr. Hadow che precipitavano; un attimo dopo Hudson è stato strappato dalla sua posizione e, immediatamente dopo di lui, lord Douglas. Il tutto è durato un istante;

appena abbiamo sentito l'urlo di Croz, io e Taugwalder ci siamo appiattiti il più possibile contro le rocce, la corda tra noi era tesa e lo strappo ci ha colpiti entrambi nello stesso momento, come fossimo una sola persona. Siamo riusciti a tenerci, invece la corda tra Taugwalder e lord Douglas si è spezzata nel mezzo. Per due o tre secondi abbiamo visto i nostri sfortunati compagni precipitare di schiena e tendere le mani come nel tentativo di salvarsi; poi sono scomparsi, l'uno dopo l'altro, inabissandosi giù fino al ghiacciaio, un dislivello di quasi quattromila piedi. Dal momento in cui la corda si è spezzata, aiutarli è stato impossibile.

L'istante in cui la corda si spezza, la vita di Whymper cambia per sempre. Appena legato in cordata, è ancora euforico. Ha scalato il Cervino! Da quello stato d'estasi lo risveglia l'urlo di Croz: il suo sguardo si abbassa allora dal cielo al precipizio e segue i compagni in caduta verso il nulla. È un istante soltanto, in cui gli sembra di cadere lui stesso. Questo istante – come se si trovasse sospeso tra cielo e terra – diventa il suo incubo.

Per una mezz'ora siamo rimasti immobili sul posto, senza osare nemmeno un passo. Le due guide erano paralizzate dallo spavento, piangevano come bambini e tremavano al punto da non riuscire più ad arrampicare. Per la paura, su di noi incombeva lo stesso destino degli altri. Appena siamo arrivati a un punto sicuro, ho chiesto della corda spezzata e ho scoperto con sorpresa, anzi, con orrore, che era la più debole delle tre. Dato che i primi si erano legati mentre io ancora disegnavo, non mi ero accorto di quale corda stessero prendendo, e ora potevo solo concludere che l'avessero ritenuta adatta, preferendola alle altre due. Hanno sostenuto che la corda si fosse spezzata perché aveva sfregato contro la roccia, ma non è andata così. Si è spezzata a mezz'aria, e l'estremità non presentava segni di danni precedenti.

Per più di due ore ho pensato che ogni istante sarebbe stato il mio ultimo; infatti i Taugwalder, coi nervi completamente a pezzi, non solo erano incapaci di prestare qualsiasi tipo di aiuto, ma versavano in uno stato talmente disperato che c'era da attendersi che l'uno o l'altro scivolasse da un momento all'altro. E non faccio torto al giovane quando dico che, appena raggiunto il tratto più facile della discesa, è stato in grado di ridere, fumare e mangiare come se non fosse successo nulla. Non c'è motivo di aggiungere altro sulla discesa. Io ho continuato, anche se invano, a cercare con lo sguardo tracce dei miei sfortunati compagni. Siamo stati sorpresi dalla notte quando ci trovavamo ancora a quota tredicimila piedi. Abbiamo raggiunto Zermatt sabato mattina alle 10 e 30.

Subito dopo il mio arrivo ho inviato un messaggero al sindaco e gli ho chiesto di mandare più uomini possibili a ispezionare l'area in cui, a mio avviso, dovevano trovarsi i cadaveri. Chi è salito è tornato dopo sei ore raccontando di averli avvistati. Ma non era possibile raggiungerli quel giorno stesso. La proposta è stata quella di ripartire domenica sera, per riportare giù i caduti lunedì all'alba; tuttavia, per non lasciare nulla di intentato, io e il reverendo J. McCormick abbiamo deciso di metterci in marcia già domenica mattina. Le guide di Zermatt avrebbero corso il rischio di essere scomunicate, se non avessero partecipato alla messa festiva, quindi non avrebbero potuto accompagnarci. Almeno per alcuni di loro – ne sono piuttosto certo – è stata una prova molto difficile; mi hanno assicurato tra le lacrime che, se non venivano, era soltanto per il suddetto motivo. Il reverendo J. Robertson e Mr. J. Phillpotts di Rugby, invece, non solo ci hanno lasciato la loro guida, Franz Andermatten, ma ci hanno addirittura accompagnati di persona. Mr. Puller ci ha messo a disposizione i fratelli Lochmatter, mentre F. Payot e J. Tairraz di Chamonix si sono offerti entrambi volontari. Sono partito con tutte queste persone domenica alle due e ho seguito la via che avevamo deciso giovedì mattina, finché non abbiamo avuto l'Hörnli alle nostre spalle. Poi siamo scesi a destra della cresta e, oltrepassando i crepacci, abbiamo risalito il ghiacciaio del Cervino. Alle 8 e 30 avevamo raggiunto il plateau all'estremità superiore e stavamo avvistando il punto dove sapevamo che si trovavano i nostri compagni. Quando abbiamo visto che quegli uomini esperti si portavano l'uno dopo l'altro il cannocchiale all'occhio, impallidivano e lo passavano all'altro senza dire una parola, abbiamo capito che non c'era più speranza. Ci siamo avvicinati. Giacevano nello stesso ordine in cui erano caduti: Croz davanti, Hadow vicino a lui, Hudson dietro, a una certa distanza; solo di lord Douglas non c'erano tracce. Con stupore mi sono accorto che tutti e tre erano legati con la corda del Club, la seconda delle corde di pari robustezza. Solamente Taugwalder padre e lord F. Douglas avevano utilizzato per legarsi la più debole delle tre corde.

Le lettere del reverendo J. McCormick vi hanno messo a conoscenza [l'editore del Times*] di quanto accaduto in seguito. L'ordinanza del governo del Vallese di recuperare i cadaveri era così inequivocabile che già quattro giorni dopo gli eventi descritti ventuno guide hanno portato a termine questo triste compito. A questi valorosi uomini va il grazie di tutti gli inglesi, perché l'operazione non è stata affatto priva di difficoltà e di pericoli. Nemmeno loro sono riusciti ad avvistare la salma di lord F. Douglas, probabilmente rimasta appesa alle rocce più in alto. Nessuno potrebbe dolersi della sua perdita più intensamente o con maggiore partecipazione di me; nonostante la sua giovane età, era un alpinista notevole, che aveva raramente bisogno di minimi aiuti e nell'intera giornata non aveva commesso un solo passo falso. Pochi giorni prima del nostro incontro aveva scalato il Gabelhorn, una vetta a mio parere molto più impegnativa del Cervino stesso.*

Fino al 22 luglio sono stato trattenuto a Zermatt, in attesa dell'indagine disposta dal governo. Io sono stato interrogato per primo e alla fine ho lasciato al giudice una serie di do-

mande che speravo potessero essere poste al vecchio Taugwalder. Questo perché ciò che avevo scoperto sulla corda non mi aveva soddisfatto in alcun modo. Le domande, così mi è stato riferito, sono state poste prima che lasciassi Zermatt, ma non mi è stato consentito presenziare all'interrogatorio. Inoltre, nonostante la promessa, le risposte non mi hanno ancora raggiunto.

Questa, Sir, è la fine di questa triste vicenda. Un singolo scivolone o passo falso è stato la sola causa all'origine di questa tragedia agghiacciante, che ha causato un dolore incancellabile. Vorrei aggiungere un'altra osservazione soltanto: se la corda non si fosse spezzata, forse voi non avreste ricevuto questa lettera, perché per noi sarebbe stato impossibile trattenere tutti e quattro i compagni, considerato come erano caduti: contemporaneamente e producendo un violento strappo. Però credo anche che, d'altra parte, non ci sarebbero stati incidenti se la corda tra i caduti fosse stata tesa come quella tra me e Taugwalder o almeno quasi. La corda offre notevole sicurezza quando la si impiega correttamente, che ci si trovi sulla roccia, sulla neve o sul ghiacciaio. Ma quando due uomini si avvicinano, facendo pendere la corda tra loro, ecco scattare il pericolo per l'intera cordata: se qualcuno dovesse scivolare o cadere, prima di essere trattenuto potrebbe provocare delle forze di accelerazione capaci di trascinare un uomo dopo l'altro, gettando in disgrazia l'intero gruppo. Se la corda resta tesa, invece, ciò è praticamente impossibile.

Voglia gradire, Sir, i sensi della mia più alta stima.

Edward Whymper
Haslemere, 7 agosto

Tutto questo racconto può essere letto come un'unica scusa. È il tentativo di Whymper, riuscito, di rimaneggiare gli eventi a proprio favore in modo da schivare ogni responsabilità e scaricarla su Taugwalder. Alcuni punti sono addirittura inverosimili: se dopo la catastrofe, che deve aver oltremodo scosso il giovane Whymper, Taugwalder padre non avesse mantenuto la calma e assicurato la discesa, per lui portarla a termine sarebbe stato troppo. Le due guide sapevano già in partenza che le possibilità di assicurarsi in discesa sarebbero state limitate. Certo, Croz non avrebbe dovuto scendere da primo, ma altrimenti come avrebbe fatto a riportare giù dalla montagna i suoi protetti? Soprattutto il novellino Hadow.

37

A oltre cinquant'anni di distanza dagli eventi, quando Peter Taugwalder figlio, che nel frattempo ha compiuto cinquantasette anni, descrive dal suo punto di vista la prima scalata del Cervino, è troppo tardi per rimediare al torto subito dal padre. Ha raccontato la sua storia a Theophil Lehner, il quale l'ha messa per iscritto in maniera realistica e facilmente comprensibile.

Di molte cose mi ricordo ancora così bene che potrebbero essere successe ieri. Quella tremenda disgrazia ha lasciato dentro di me un segno così indelebile che non la dimenticherò finché campo.

Era la prima metà di luglio del già citato anno quando il giovane lord Douglas venne a Zermatt e, accompagnato dal mio defunto padre, compì diverse scalate tra cui la prima sull'Obergabelhorn. Aveva intenzione di conquistare anche il Cervino. In quei giorni, era il 10 o l'11 luglio, all'Hotel Monte Rosa comparve la guida di Chamonix Michel Croz, assieme agli inglesi Hadow e Hudson, determinati a vincere la stessa montagna; con loro anche Whymper, poi lord Douglas e la sua guida, infine mio padre, pronto a unirsi a loro.

All'epoca io ero molto giovane, cominciava appena a spuntarmi la prima peluria sul labbro superiore. Però avevo abbastanza coraggio da sentire che per me nessuna roccia sarebbe stata troppo alta, nessun ghiacciaio troppo ripido. Avevo sedici anni quando ho scalato il Monte Rosa: con tre studenti inglesi e mio padre. All'inizio lui non voleva che partecipassi, perché temeva che lassù avrebbe fatto troppo freddo per me. Il Monte Rosa è famigerato per le temperature rigide, e in tanti si sono congelati le dita dei piedi. Io però avevo insi-

stito, perché in fondo ero stato il primo ad aver convinto, durante una gita sul Gornergrat, i tre studenti a intraprendere la scalata; era come se fossero clienti miei, perciò dissi a mio padre che, se non voleva venire, avrei preso un'altra guida. Per farla breve, ho partecipato ed è stato un grande successo: avrei potuto condurre i miei amici in cima a quella vetta già da solo.

Tornando al nostro argomento, nel 1865 non ero più un novellino della montagna, visto che a quel punto avevo già compiuto la scalata del Breithorn e un paio d'altre. E così proposi a mio padre di portarmi con sé sul Cervino. Il suo piano era quello di prendere altre due guide e formare due cordate, ma l'idea non piacque al signor Hudson, presuntuosamente convinto che lui e i suoi compagni fossero meglio delle guide stesse.

La mattina del 13 luglio radunammo le provviste necessarie all'Hotel Monte Rosa e alle nove circa ci mettemmo in cammino. Il tempo era magnifico; il Cervino, del tutto privo di neve, ci dava il benvenuto sorridendo alla luce del giorno. Pranzammo sull'Hörnli. C'era una vista spettacolare. Attorno a noi le grandi vette si ergevano in tutta la loro maestosità; oltre al verde della valle, scuri pini silvestri si stringevano gli uni agli altri fino al margine dei ghiacci perenni. Avevo il cuore che fremeva per l'aspettativa, non vedevo l'ora che arrivasse il mattino seguente. Giunti ai piedi del Cervino, abbiamo montato la tenda e bivaccato. Io sono salito con Croz per un buon tratto ancora, più o meno fino al punto in cui sarebbe poi sorto il cosiddetto Vecchio Rifugio; tutto andò a meraviglia, non incontrammo la minima difficoltà. Tornammo dai compagni con la buona notizia che la via era semplice e ci gustammo la buona zuppa che era stata preparata nel frattempo. Una volta poggiata la testa sullo zaino, dormii come un angioletto.

Per tutta la notte sognai di essere in cima al Cervino: lanciavo uno Jodel giù verso valle, abbastanza forte da poter essere sentito fino a Zermatt. Poi, all'improvviso, nel sogno mi ritrovai da solo. Non vedevo gli altri da nessuna parte, e mi svegliai per lo spavento. Erano circa le due di notte e i miei compagni iniziavano a muoversi. Ci preparammo del tè e partimmo alla volta della nostra immensa cima. Ci legammo subito, naturalmente: Croz capo cordata, seguito da Hudson, Whymper e Hadow, poi mio padre, lord Douglas e io. Alle tre circa cominciò ad albeggiare, e presto il cielo a oriente brillò come oro puro. Non si vedeva una sola nuvola: gli unici suoni udibili erano i passi di sette scalatori entusiasti e il battere della piccozza sulle rocce.

Seguimmo la stessa linea di salita esplorata la sera prima da me e Croz. Andò tutto per il meglio, fino al punto dove oggi c'è il Vecchio Rifugio. Da lì in poi le difficoltà aumentarono, ma tutti erano su di morale e riuscimmo a conquistare la vetta abbastanza in fretta. A circa centocinquanta piedi sopra il punto in cui ora c'è il Rifugio Solvay, ci riposammo e mangiammo qualcosa per recuperare le forze. Poi affrontammo la spalla, sulla quale Croz scavava dei gradini man mano che saliva. Douglas, davanti a me, faceva però molta fatica a metterci i piedi sopra, e scivolò diverse volte. Gli ho tenuto io le gambe con le mani per quasi tutto il tempo. Finalmente sulla spalla, lasciammo gli zaini e le provviste nel punto esatto dove oggi cominciano le corde. Ci siamo consultati sulla via da seguire, nel tratto più difficile di tutta l'arrampicata. Sapevamo che, superato il tetto, tutto sarebbe stato più facile. Fu Croz a decidere di traversare sul versante nord-ovest. Secondo lui dovevamo entrare nella cosiddetta zona d'ombra. La trovammo quasi priva di neve; c'erano dei sottili listelli, uno o due pollici, e salimmo su quei piccoli gradini, mentre seimila piedi sotto di noi la montagna precipitava quasi fosse stata verticale. Mentre proseguivamo, tesi e prudenti, non scambiammo una sola parola. Eravamo tutti consapevoli della serietà della situazione.

Una presa mancata o un passo falso e noi ci saremmo

ritrovati a pezzi, sfracellati giù sul ghiacciaio. Io ero giovane e svelto, arrampicavo come un gatto, quindi avevo sempre il tempo di osservare gli altri e tenere i piedi a lord Douglas. Non era un bravo arrampicatore. Pian piano, però, proseguimmo la nostra ascensione. Alla fine arrivammo sopra al tetto e alle due circa raggiungemmo la vetta.

Non restammo a lungo. Io mi sentivo il cuore così leggero che avrei potuto spiegare le ali e volare via sopra le montagne, chissà dove, magari giù, dal mio tesoro a Zermatt. Poi ci preparammo per la discesa. Whymper (sic!) fece cambio di posto con lord Douglas; ora nella cordata era subito prima di me. Croz era ancora primo, e in questo modo scendemmo lentamente superando il tetto, più o meno nel punto in cui si passa ancora oggi. Arrivati sotto, ci spostammo lungo una cengia verso il versante nord-ovest. Ci muovevamo con grande calma e cautela, perché la discesa era molto più difficile della salita. E così arrivammo alla fine delle cenge, e Croz proseguì la discesa lungo la parete nord con gli altri tre sopra di sé. Di quando in quando mio padre fissava la corda a una sporgenza rocciosa per assicurare la cordata sotto di sé. All'improvviso, quei quattro si volatilizzarono nel nulla, come una nuvoletta. La corda si era spezzata come fosse spago e i nostri compagni non si vedevano più. Tutto accadde con la velocità di un lampo. Nessuno emise un suono. Sparirono dentro a quel terribile abisso in un batter d'occhi.

Immaginatevi cosa provammo. Per un po' non fummo nemmeno in grado di muoverci, da tanto eravamo scioccati. Poi ripartimmo, ma Whymper tremava così forte da non essere quasi più in grado di compiere un solo passo sicuro verso il basso. Ora era mio padre in testa, e si girava costantemente per posizionare i piedi di Whymper sugli appoggi molto ridotti. Dovevamo fermarci di continuo per riposarci, perché non era soltanto l'umore a soffrire. Poi ricominciammo a muoverci con molta calma e finalmente, esausti oltre misura, raggiungemmo la spalla. Cercammo di mangiare, almeno un poco, ma fu difficile mandar giù anche un solo boccone; ci sentivamo male, come se ci avessero stretto una corda attorno alla gola. Se solo il buon Douglas non avesse fatto cambio di posto, pensai, si sarebbe salvato lui anziché Whymper; senza dubbio sarebbe stato per noi un amico migliore e più fedele di quell'uomo inavvicinabile e distante da sempre, anche ora che gli avevamo salvato la vita. Senza di noi sarebbe morto anche lui. Senza dubbio! In seguito si è spacciato come eroe della cordata e ha raccontato una sfilza di storie che non corrispondono al vero. Io, comunque, non ho visto nessuna delle tre croci che lui sostiene di aver visto in cielo. Anche diverse frasi che ci ha messo in bocca sono totalmente campate in aria: è impossibile che Whymper intendesse anche solo una parola di quello che dicevamo. Se si considera che lui non capiva il tedesco e che mio padre parlava soltanto il dialetto tedesco di Zermatt, com'è possibile che abbia riportato i nostri dialoghi?

Ma torniamo alla discesa. Prendemmo gli zaini e raggiungemmo a poco a poco, con grande difficoltà, uno spiazzo senza neve sotto la spalla, dove avremmo potuto sederci. Trascorremmo così la notte, seduti. Verso l'alba cominciò a fare abbastanza freddo, benché le temperature di quei giorni fossero state nel complesso miti. Non appena ci fu abbastanza luce, ci rimettemmo in marcia. Non incontrammo altre difficoltà. Muovendoci ci venne caldo, quindi recuperammo in fretta la nostra agilità. Raggiungemmo Zermatt non prima delle tre circa.

Lì andammo diretti dal vecchio Seiler al «Monte Rosa» e gli raccontammo le tragiche conseguenze della scalata. Vennero presi subito provvedimenti per recuperare i resti dei compagni scomparsi in maniera tanto tragica. Era sabato e, non essendoci dubbio che fossero tutti morti, non c'era nemmeno motivo di partire di notte, quindi la spedizione attese l'alba. Io non riuscii a partecipare: ero ancora troppo sotto shock. Anche mio padre non ce la fece.

La squadra di ricerca trovò i nostri poveri amici sul ghiacciaio, nel punto da noi indicato. Mancava solo lord Douglas. A tutt'oggi di lui non è ancora stata trovata traccia. Erano tutti orrendamente dilaniati, soprattutto Croz; avevano perso la maggior parte dei vestiti. Alla sepoltura nel cimitero della minuscola chiesa di Zermatt, qualche giorno dopo, partecipò tutta la comunità.

Da allora ho scalato il Cervino più di cento volte, ma mai senza pensare ai miei cari compagni, i cui familiari, quel giorno, patirono un grave dolore. Mio padre e Whymper li hanno già seguiti nella quiete eterna. E molto presto gli angeli della morte chiameranno anche me.

38

La via di salita di Carrel alla vetta del Cervino è considerevolmente più difficile rispetto a quella di Whymper. Nonostante ciò, in Valtournenche si prevede che in futuro i turisti preferiranno salire dal versante sud, più impegnativo ma più sicuro. Il canonico di Aosta, che dimostra grande interesse per il turismo perché sa che è una fonte di reddito per la comunità montana, avanza perciò la proposta di costruire un rifugio a metà strada verso la Cresta del Leone. Il Club Alpino Italiano accoglie la proposta e i suoi membri sottoscrivono la somma necessaria. Carrel, al corrente della presenza di una grotta naturale sulla Cravate, a quota 4120 metri, assume la direzione dei lavori. Nel giro di un paio d'anni, il piccolo ricovero, denominato il rifugio alla Balma della Cravatta, è utilizzabile.

Ma è soltanto nell'agosto del 1867 che una seconda cordata oltrepassa la Cresta del Leone diretta alla cima. Si tratta di Florence Craufurd Grove, con tre uomini di Valtournenche: Carrel, Bich e Meynet. Pernottano nel rifugio pieno di spifferi del Club, salgono la cresta esposta fin sotto la torre prima della vetta e traversano il versante nord-ovest per raggiungere la Cresta di Zmutt – come Carrel aveva già fatto durante la prima scalata. Questa via è difficile, a tratti anche pericolosa. Solo il geniale Carrel avrebbe potuto individuarla, e soltanto gli alpigiani, con la loro conoscenza del territorio e il loro istinto da camosci, osano affrontarla anche con i clienti.

La gente di Valtournenche è felice che Grove abbia scelto il loro versante per quella terza scalata, ma non tutti accettano di buon grado il fatto che a Jean-Antoine Carrel sembri spettare una sorta di monopolio sul Cervino. È per questo motivo che, un mese dopo l'impresa di Grove, tre dei fratelli Maquignaz, César

Carrel, Jean-Baptiste Carrel e sua figlia partono da Valtournenche? Per trovare una loro via alla vetta? Tutte le guide vogliono godere del successo turistico che c'è da attendersi. Il 12 settembre salgono fino al rifugio e vi pernottano. Il mattino dopo – uno rimane – salgono lungo la spalla fino alla gola dove nel 1862 fallirono Bennen e Tyndall, riuscendo a superarla. Ora sono in piedi di fronte alla torre prima della vetta: un baluardo gigantesco! Anziché aggirarlo sulla sinistra verso la Cresta di Zmutt come Carrel e Grove, Joseph e Peter Maquignaz lo scalano direttamente. In che modo, resta ancora oggi un mistero. Grazie ad audacia e abilità estreme, oltre che a un equipaggiamento che comprende anche scale e stanghe di legno, ha luogo un capolavoro delle conquiste alpinistiche. La via è più breve, anche meno pericolosa di quella di Carrel. In seguito, resa più semplice da corde fisse e scale di corda, diventa la via normale dal Breuil.

Anche sul versante est della montagna, sulla cresta che digrada verso Zermatt, viene costruito un rifugio a un'altitudine di 3818 metri, grazie ai contributi dell'albergatore Seiler e del Club Alpino Svizzero. A dirigere i lavori sono i Knubel, famiglia di guide alpine di St. Niklaus. In seguito sorgerà anche, ai piedi della montagna, il Rifugio Hörnli. Il 24 e il 25 luglio 1868, Peter Knubel e Joseph Maria Lochmatter, anche loro dello stesso paese, conducono Julius Marshall Elliott alla vetta passando per questo versante svizzero. È la seconda scalata lungo la via di Whymper.

Carrel e la Cresta del Leone esercitano tuttavia un fascino tutto particolare sugli stranieri, un potere magnetico che altri non hanno. Florence Crauford Grove, per esempio, parla con immenso rispetto di Jean-Antoine: *Lo stimo per il suo coraggio ammirevole, ancora di più per l'avvedutezza e la prudenza con le quali si dedica al suo ospite. Fa di tutto per prevenire l'eventualità di un incidente.*

In paese, invece, cresce l'invidia nei suoi confronti. E già John Tyndall, che scala il Cervino nel 1868, prende come guide due dei Maquignaz. Riescono nella prima «traversata» nella monta-

gna dal Breuil a Zermatt: *entrambi i Maquignaz sono accompagnatori eccezionali, calmi nel pericolo e forti dove serve forza*, scrive il professore nel libretto delle salite dei fratelli. Pochi giorni dopo François Thioly e Hoiler compiono la traversata del Cervino in direzione opposta: da Zermatt al Breuil. Di nuovo con delle guide di Valtournenche. Finalmente, nel 1868, anche Felice Giordano riesce a conquistare la tanto bramata vetta: a fargli da guida ci sono Jean-Antoine Carrel e Jean-Jacques Maquignaz, i migliori della valle. Già a fine luglio 1866 era salito con Carrel, Bich e Meynet fino alla Cravate, dove era rimasto una settimana per effettuare dei rilevamenti. Allora Carrel aveva deciso di non arrivare in cima. Due anni dopo, Giordano collega la via di Carrel e quella di Whymper, unendo le guide rivali della stessa valle sotto un comune interesse.

Su entrambi i versanti del Cervino, intanto, la via di salita è ormai tracciata. Nel 1871 Lucy Walker è la prima donna a raggiungere la vetta, e dal 1876 iniziano anche le scalate senza guide.

Nel 1877, dodici anni dopo la prima, sulla montagna c'è anche Quintino Sella, ora cinquantenne, con i figli e ovviamente con la guida Jean-Antoine Carrel. Per poco una corda fissa non gli risulta fatale, ed è soltanto la reazione istintiva di Carrel che evita una catastrofe simile a quella del 1865: sono tutti legati quando la guida, che sale da capocordata, vuole verificare che la corda fissa prima dell'Echelle sia a posto. Per accertarsene sale in libera, accanto alla corda stessa. All'improvviso gli scivola il piede, e per sorreggersi si aggrappa alla corda fissa. Che però si spezza. Carrel si gira, cade, schiva la testa di Sella senza toccarlo. Per un secondo è come se fluttuasse. Dopo una caduta di quasi cinque metri riesce ad ammortizzare il salto con un paio di movimenti da gatto. Si aggrappa alle rocce, ritrova l'appoggio e si ferma, come pietrificato, su una piccola sporgenza. Spaventato, Sella tiene la corda alla quale sono legati.

La seconda guida nella squadra di Sella, Antonio Castagneri, che ha partecipato a questa escursione con un altro cliente, Jensing, può solo stare a guardare mentre questa si arrabatta per salire il breve tratto ora senza corda. Inutilmente. Appena Carrel ha ripreso fiato dopo la caduta, aiuta Jensing a risalire, lungo le sue stesse tracce di sangue. Nel frattempo la sua capacità di concentrazione, la sua agilità da gatto e specialmente il suo senso di responsabilità sono diventati leggenda. Così scrive Sella sul libretto delle salite di Carrel: *Egli organizzò l'occorrente con tatto e discrezione, e ci guidò con quel valore, e quella devozione ed attenzione per il viaggiatore, che hanno reso il suo nome ormai celebre nei fasti dell'Alpinismo. Il Carrel canta benissimo, sente assai le bellezze della natura, fa osservazioni interessanti, e non è certamente un uomo volgare.* Sella lo elogia così come elogia la montagna: *Di bellezze tu te ne intendi. Ma d'una bellezza come quella del Cervino non te ne fai idea. Credevo di avere ormai una conoscenza discreta delle montagne, delle loro attrattive e della loro poesia. Ma salendo il Cervino dovevo confessare a me stesso che non ne sapevo nulla tanto è grande la differenza fra questa singolarissima massa e le altre montagne. Quindi, sgridatemi tutti finché volete, se l'occasione si ripresenta io torno a salire il Cervino. Un po' di rischio non costa nulla. Almeno colà uno non si fa soltanto male, né si storpia. Se vi scivola un piede si fa un salto di forse più di un mezzo chilometro di altezza. Converrai meco che almeno là sarebbe una morte decente. Mi rincresceva un po' per aver condotto i miei figli, che, quanto a me, il mezzo secolo è passato e quindi vi sarebbe poco danno nel liberare l'Italia dalla mia persona. Ma sarebbe un peccato perdere dei giovani vigorosi. Ma erano anch'essi così felici, così entusiasti dello stupendo spettacolo che avevano sott'occhio! Se vedessi che visi fanno a parlarne [...].*

Nel 1882, dopo due tentativi interrotti, il celebre fotografo Vittorio Sella, parente del ministro, riesce ad arrivare in cima. In pieno inverno.

Dopo la catastrofe del Cervino del 1865 non è quindi stato emanato alcun divieto di scalata, anzi, l'Inghilterra va fiera dei successi dei suoi alpinisti e di Whymper. L'Hörnli è diventata tappa obbligatoria di tutti gli scalatori più rinomati, il Cervino un mito, Whymper una leggenda. Nel frattempo Albert Mummery difende l'alpinismo senza guida, i fratelli Pendlebury scalano nel 1872 la parete est del Monte Rosa e l'alpinismo sportivo, per come lo ha proposto Whymper, è diventato rispettabile. La nuova escursione più difficile e pericolosa è ora la salita alla parete est del Monte Rosa: un immenso muro di ghiaccio e roccia che svetta tremila metri sopra la conca di Macugnaga. A causa delle difficoltà tecniche e di pericoli fuori dal comune quali slavine di ghiaccio e caduta massi, questo itinerario è temuto e allo stesso tempo ambito.

Il *vincitore del Cervino*, tuttavia, si adegua alle richieste degli affermati membri del club, i quali si aspettano un lavoro di tipo scientifico. Lui resta uno stimato incisore, ma nel frattempo si occupa più di ghiacciai che di prime scalate. Già nel 1867 tenta una prima spedizione in Groenlandia con l'obiettivo di studiare la neve.

A Zermatt, invece, inizia una specie di esibizione di reliquie, come si può leggere sull'*Echo des Alpes* nel 1872: *Prima di lasciare nuovamente Zermatt, abbiamo salutato il signor Seiler e lo abbiamo pregato di mostrarci gli effetti personali delle vittime del 1865, rinvenuti e da lui conservati. Prima abbiamo visto la corda utilizzata da Taugwalder padre e lord Douglas. Sopra c'erano grosse chiazze di sangue. Aveva un intreccio insolito, somigliava a una fune grezza spessa come un mignolo. Nel punto dello strappo sembrava un pennello, segno che non era stata rotta con la lama di una piccozza. Un secondo oggetto, una scarpa piuttosto logora, con la suola aperta che però teneva ancora sul tacco, è stato riconosciuto dagli ospiti dell'albergo di Zermatt come appartenente a Douglas, il quale però non è mai stato trovato. Un pezzetto di lana largo due pollici, inserito in corrispondenza del tallone, sarebbe servito ad attutire i dolori di una ferita che tormentava il lord già da settimane.*

Carrel, invece, è stato dimenticato.

Il 3 settembre 1879, Albert Frederick Mummery scala per la prima volta il Cervino dalla Cresta di Zmutt; il 16 luglio 1880 tenta l'ascensione passando per la Cresta di Furggen. Sempre per primo. In questo secondo giro sale fino all'altezza della spalla svizzera, compie la traversata della parete est, raggiunge la cresta svizzera nel punto in cui la spalla si congiunge alla testa del monte e prosegue per la via tradizionale fino alla vetta.

39

Anno dopo anno, il Cervino viene scalato sempre più spesso, in genere partendo da Zermatt piuttosto che dal Breuil. Nel 1871 uscì il libro di Whymper sulle sue imprese alpinistiche: un racconto in presa diretta dal taglio moderno, ben scritto, riccamente illustrato dalle sue stesse incisioni. Un classico, insomma, che ancora oggi influenza la nostra immagine della prima salita al Cervino. Il libro – allo stesso tempo apologia e bilancio finale – si legge come una raccolta di avventure vissute in prima persona, ma da cui traspaiono animosità preesistenti e nuove critiche. A Whymper non piacciono i Taugwalder, ai Taugwalder non piace Whymper: tutti lo sanno, a Zermatt. E Whymper, a chi piace? Nella località svizzera, a nessuno. Eppure l'inglese, con la forza delle parole e l'arbitrarietà della sua interpretazione dell'incidente, riesce a fomentare nella valle uno spirito competitivo e fazioso. Il vecchio Taugwalder ne soffre psicologicamente, cade in depressione, si fa sempre più in disparte mentre l'altro si crogiola nel suo successo. Anno dopo anno, l'inglese torna nelle Alpi, nel regno dei suoi trionfi: Zermatt, Chamonix, Valtournenche.

Fino al 1865, la reputazione di Peter Taugwalder era immacolata. Meno di due mesi dopo la fatidica scalata, ancora fresco di spavento, l'allora venticinquenne Paul Güßfeldt, futuro consulente dell'imperatore Guglielmo II di Germania nonché uno fra i migliori scalatori tedeschi, gli chiede di accompagnarlo sul Cervino. Lungo la via di Whymper. *Taugwalder è salito in vetta*, scrive Güßfeldt. *Conosce senz'altro la via, lo aspetta un compenso più alto, e nonostante ciò – quando gli comunico le mie intenzioni – lui ne rimane turbato, cerca di dissuadermi e mi mostra le cicatrici causategli dalla corda.*

Alla fine, tuttavia, Güßfeldt riesce a convincere entrambi i Taugwalder: *Non da Zermatt, ma dal versante italiano, dal Breuil sono pronti a partecipare.* L'escursione si rivela troppo difficile per il tedesco, che sotto una parete verticale si arrende e ordina, deluso, la ritirata. *Dopo una marcia di ventuno ore, con solo poche pause, alle undici di sera arriviamo al Breuil. Una sconfitta ottenuta a caro prezzo.*

Anche John Ball, naturalista e primo presidente dell'Alpine Club, elogia il vecchio Taugwalder: *Peter Taugwalder è una guida migliore di molte altre di mia conoscenza; uno specialista della roccia di prima categoria, possente, determinato, spesso anche ostinato.* Ai suoi tempi, Taugwalder è una delle guide in assoluto più esperte di tutte le Alpi, la più affermata di Zermatt. È stato ingaggiato da Tuckett, e nel 1862 aveva già fatto da guida a Kennedy per tentare la prima invernale della parete est del Cervino. Soltanto pochi giorni prima della catastrofe ha mandato a segno la scalata dell'Obergabelhorn da Zinal. Il commento di lord Francis: *Peter Taugwalder svolge un lavoro eccezionale, dando prova di essere una guida di prima classe.* Con Peter Perren, per molto tempo era stata anche l'unica di Zermatt convinta che il Cervino potesse essere scalato. Eppure, la sua carriera su quella montagna viene distrutta dalla perfidia di Whymper. Le dichiarazioni dell'inglese sulla debolezza di nervi di Taugwalder sortiscono il loro effetto. Nel 1867, per esempio, al Breuil giunge un aspirate scalatore del Cervino, che scrive: *Ci sono i Taugwalder, padre e figlio, e sono disposti a compiere assieme a me la scalata da Zermatt.* Poi spuntano i Maquignaz, in discesa dalla montagna. *Poiché ho intenzione di compiere la traversata del Cervino, preferisco le guide del versante italiano.* I Taugwalder vengono licenziati.

È comprensibile che, dopo la catastrofe, all'inizio le guide di Zermatt evitino la loro montagna. Lo stesso Peter Taugwalder figlio torna sul luogo dell'incidente solo sette anni dopo con i suoi ospiti, i fratelli Pendlebury e Charles Taylor. Hanno appena portato a termine, con la guida di Saas Ferdidand Imseng, la prima salita alla parete est del Monte Rosa, la parete più alta delle Alpi. Il 24 e 25 luglio 1872, «Peter del Cervino», come ora viene rispettosamente chiamato, li accompagna da Zermatt al Breuil compiendo la traversata.

Già nel 1869 i due Taugwalder e Perren avevano compiuto, con R. B. Heathcote, un tentativo di scalare l'«Horu» dal Breuil, ma il gruppo era stato colpito da un fulmine ancora prima di arrivare in cima. Tutti sopravvissuti.

Taugwalder padre, che ora comincia ad avere una certa età, resta sempre più spesso a guardare mentre i suoi colleghi muniti di piccozza, corda e coi loro signori al seguito si mettono in marcia da Zermatt. Non lo ingaggiano più, perciò smette di sedersi sul muro dove i turisti scelgono le guide. Non vuole sentirsi inutile, ricevere sguardi in tralice, e presto non lo si vede nemmeno più in giro. Resta in casa, fuma la sua pipa, beve vino e sprofonda sempre più nella depressione. Nessuno sa cosa pensi veramente.

Un giorno dice basta. Sua moglie gli prepara due camicie pulite, calze, qualcosa da mangiare. Nella semioscurità della cucina, silenzioso come sempre, guarda in lontananza fuori dall'unica finestra. Nessuno parla, nessuno piange. Sua moglie sospira, come se fosse d'accordo. È la cosa migliore da fare, anche per lei. Poi Peter stringe la mano a tutti. Senza dire una parola. Prende lo zaino ed esce di casa: emigra in America.

Torna a Zermatt dopo un paio d'anni. È diventato ancora più silenzioso di prima, nessuno sa che cosa abbia fatto oltreoceano. Tredici anni prima, nel 1867, il suo secondogenito Joseph è morto affogato nello Schwarzsee. Durante l'ascensione di Whymper aveva portato i bagagli dal Breuil alla cappella del lago. E anche le corde che l'inglese aveva depositato per la prima scalata. Il terzo figlio di Peter, Friedrich, che appena quindicenne aveva partecipato fino al primo bivacco, aveva invece seguito il padre in America e ci era restato. Come se i Taugwalder potessero sottrarsi soltanto con la fuga alla maledizione di Whymper, al quale il padre ha salvato la vita.

Quando un consorzio di «cittadini» di Zermatt costruisce l'Hotel Schwarzsee, il vecchio Peter si lascia coinvolgere. Collabora e nel frattempo compie delle escursioni da solo. Viene colpito dalla polmonite, ma continua a lavorare, non vuole essere curato. Un giorno rimane da solo sulle sue montagne: per morire. Lo trovano accanto alla cappella di Maria della Neve, là dove una fredda notte aveva bivaccato a lungo con Kennedy prima di partire per tentare la scalata invernale dell'«Horu». Muore al cospetto della sua montagna, alla quale ha dedicato tutto il suo profondo rispetto. Senza la gloria che Whymper gli ha tolto, senza il riconoscimento della gente che è stata incapace di comprendere il suo stato d'animo. Rimasto senza autostima, ha perso anche la forza di continuare a vivere.

Peter Taugwalder è morto, Whymper è diventato famoso. Il suo orgoglio non teme più rivali, perché anche Carrel resta sempre più in disparte. Benché non abbia dimestichezza né con le scalate senza guida né con le strumentazioni scientifiche, l'inglese vuole brillare sia come alpinista sia come ricercatore, osando l'apparentemente impossibile. Le montagne restano il suo trampolino di lancio verso la gloria.

Ben centoventicinque volte Taugwalder figlio, «Peter del Cervino», scala coi suoi ospiti la montagna a cui deve quell'epiteto. Si è sposato con Barbara Salzgeber, e alla fine dovrà occuparsi di sei figli. Quante volte racconta i drammatici eventi della prima salita! Non è amareggiato come suo padre, spesso risponde con ironia e sarcasmo alla curiosità degli interlocutori. Ha cinquantasette anni quando un sasso precipitato dalla montagna gli sfascia il ginocchio, mettendo la parola fine alla sua carriera di guida alpina. Col passare del tempo tollera sempre meno che gli si parli dell'incidente: «Peter del Cervino» non ha bisogno di giustificarsi. Ha alle spalle una carriera invidiabile, e in ogni caso la gente del posto sa come si è svolta la tragedia del 1865. Il suo umorismo lo aiuta anche a dimenticare la rabbia nei confronti di Whymper: *L'inglese ha dipinto me e mio padre come due persone spregevoli. Non è che un'immane calunnia di un signore altezzoso. Qui lo sanno tutti, me lo hanno confermato cento volte. Nel mio libretto ci sono alcune belle frasi di importanti signori che suonano molto diverse dalla testimonianza di Whymper, da lui rilasciata senza che gli venisse chiesta.*

40

Nonostante la fama e i successi alpini, Edward Whymper, cresciuto in un'Inghilterra vittoriana in cui il ceto conta parecchio, soffre di un complesso d'inferiorità. Non possiede titoli accademici e per vivere deve lavorare.

La conseguenza è lo sviluppo di un'ambizione smodata. Nelle Alpi, ormai, non può più superarsi. La montagna più alta d'Europa, il Monte Bianco? Non è il suo obiettivo, visto che l'hanno già scalata in centinaia. Nonostante ciò, più avanti, nel 1893, salirà anche lui assieme a Frédéric Payot, trascorrendo la notte in vetta. Dopo essersi reso conto che per motivi finanziari non può affrontare il tetto del pianeta, da qualche parte nell'Himalaya, rivolge il suo interesse al rilievo più alto del Nuovo Mondo, che localizza nelle Ande equatoriali, e organizza una spedizione. L'Aconcagua non è ancora stato identificato come tale, e le vette già scalate non gli interessano.

Perché la fama di Whymper continua a crescere, a differenza di quella di Carrel, il quale non si occupa certo di scienza ma è comunque lo scalatore migliore?

Dopo il fatidico 1865 l'inglese torna spesso a Zermatt, scende all'Hotel Monte Rosa e cerca aiutanti servili. Si cimenta come studioso della neve, trasformandosi in Whymper lo scienziato. Gli ospiti britannici lo ammirano, sebbene il suo *social standing* non corrisponda al loro. Lo scetticismo nei suoi confronti svanisce di fronte al successo di vendite del suo libro, e solo alcuni tra gli esponenti gli spicco del Club – Moore, Stephens, Tyndall e Coolidge – continuano a guardare quell'*homo novus* con sospetto. Da ora i suoi modelli saranno De Saussure, Forbes e Tuckett, i quali legittimarono le loro gesta alpinistiche col lavoro scientifico. Nel frattempo, le guide restano i suoi tirapiedi personali. Come sul Cervino tra il 1860 e il 1865.

Ora a suscitare il suo interesse è la trasformazione della neve in firn e ghiaccio. Con la sua ricerca glaciologica vuole raggiungere il riconoscimento sociale, si accosta alla montagna munito di pala e sonda, fa scavare pozzi nel firn – profondi sette metri, larghi otto – e installare strumentazioni. Come dalle sue guide, che suddivideva in brave, mediocri e incapaci (che si trattasse di francesi, svizzeri o italiani), anche dagli aiutanti pretende obbedienza e umiltà: *I franchi che mi tirano fuori dalle tasche sono contati. Non uno di più.* Elogia gli accompagnatori silenziosi come per esempio Luc, che gli porta la tenda, mentre sminuisce chi è più bravo di lui. Peccato che non tutti gli alpigiani siano disposti a dimostrare quell'atteggiamento sottomesso che l'inglese si aspetta da loro. Tra questi, Carrel. Quando gli aveva fatto da guida era stato pronto ad assumersi tutte le responsabilità in montagna, ma non a tollerare le sue fissazioni. Ed è con questo atteggiamento che, a poco a poco, Whymper si gioca la credibilità con le guide, ma non la reputazione al Club. Le assurde illazioni che ha mosso contro Taugwalder restano sospese nell'aria, non gli ricadono addosso nemmeno dopo la morte della guida. Perché nessuno osa mettere in dubbio la sua resistenza, la sua abilità di narratore, e men che meno la sua esperienza in montagna!

Come già nel 1867, Whymper torna nell'Artide, per la precisione in Groenlandia occidentale, al fine di condurre delle ricerche sulla stratificazione del ghiaccio. Ma anche ora, a cinque anni di distanza dalla prima volta, non ottiene risultati. Rinuncia al suo vero obiettivo, la scoperta del Polo Nord, perché tra gli Inuit non trova nessuno che lo possa accompagnare. Lo studio degli abitanti e del loro stile di vita lo interessa, certo, ma è inutile.

Ha ottenuto fama e successo grazie al suo libro e alle incisioni; ha saputo riunire l'arte del raccontare a quella visiva, e questo duplice talento gli ha permesso di trovare uno stile moderno e popolare al tempo stesso. E poiché molti lettori vedono in lui la realizzazione dei loro sogni di libertà e avventura, *La salita del Cervino* riscuote grande popolarità. Raggiunto in questo modo un modesto benessere, finalmente Whymper è diventato finanziariamente indipendente.

Nel frattempo, però, in alta montagna è arrivata anche la fotografia. John Ruskin, che aveva condotto degli esperimenti in materia già nel 1850, sceglie come soggetto il Cervino. Anche Hudson aveva documentato le sue scalate con l'aiuto della fotografia. Whymper, preoccupato che questa nuova forma d'arte possa soppiantare l'incisione, prova a cimentarsi a sua volta, tanto che nel 1874 sale ancora sul Cervino mosso da scopi fotografico-scientifici. Le sue guide sono Jean-Antoine Carrel e Jean-Baptiste Bich. Nel frattempo sono settantacinque le cordate ad aver conquistato la vetta.

Il rapporto conflittuale di Whymper con le guide, che continua a cambiare spesso, grava anche sul legame con Carrel. E questo benché con lui non abbia mai avuto brutte esperienze. Carrel non lo ha mai compromesso, al contrario, per molto tempo lo ha difeso. Ma Whymper è diventato il *conquistatore del Cervino*, e il Cervino la *montagna di Whymper*. Da lì la Stube a lui dedicata nell'Hotel Monte Rosa e un piatto a Zermatt, il *Whymperschnitten*. Whymper e Zermatt diventano una cosa sola. Peter Taugwalder, che nel 1865 lo ha riportato sano e salvo in valle, potrebbe anche non esistere; suo figlio non viene dimenticato, ma nella sua « lotta per il Cervino » non vale più di una nota a piè di pagina.

Col suo libro, che a ogni edizione si arricchisce di nuovi dettagli, cresce anche la sua fama, benché l'autore non sia nient'altro che un egocentrico: d'altronde non aveva esitato a tagliare la corda per superare Croz e arrivare in vetta. Per primo! Ne ha anche parlato agli amici, in una cerchia ristretta, davanti a una bottiglia di vino; e poi a un vescovo, durante la confessione. La colpa non sta nel suo operato, ma nel suo silenzio.

41

Nel 1879 Whymper ingaggia Jean-Antoine Carrel per una spedizione in Ecuador e lo lascia libero di scegliere una seconda guida, che sarà Louis Carrel. Insieme dovranno accompagnarlo sulle Ande e prendere le decisioni in montagna. Finalmente l'inglese è pronto ad affidare ai suoi accompagnatori non solo la responsabilità, ma anche la risoluzione di problematiche di ordine strategico e logistico. Le guide conoscono la natura delle montagne, l'inglese la storia: nel 1802, lo scienziato Alexander von Humboldt aveva raggiunto la notevole quota di 5600 metri sul Chimborazo: aveva scelto come punto di partenza il paese di Calpi, a sud-sud-est della montagna, ed era convinto di poter arrivare in vetta e tornare in giornata insieme alla sua piccola carovana. Dislivello: 3000 metri. Sviluppo: 19 chilometri. Un'ascensione su falde detritiche, pareti rocciose, seracchi, senza contare la relativa mancanza d'ossigeno. Gli uomini però vengono colpiti dal mal di montagna, e tornano indietro. Scrive Humboldt in proposito: *per tutta la vita mi sono vantato di essere, tra tutti i mortali, quello che era salito più in alto nel mondo – sulle pendici del Chimborazo – e sono stato orgoglioso della mia ascensione! È con un certo sentimento d'invidia che ora guardo alle rivelazioni sulle montagne fatte da Webb e dai suoi compagni in India. Mi sono tranquillizzato circa i viaggi in Himalaya perché credo di poter presumere che i miei lavori in America abbiano dato agli inglesi il primo impulso a occuparsi di più delle montagne innevate rispetto a quanto succedeva un secolo e mezzo fa.*

Nel 1802, il versante sud del Chimborazo era pura utopia. Humboldt non conosceva il versante nord più agevole, e tirò avanti. La sua scalata si interruppe nel punto in cui le difficoltà su roccia e ghiaccio divennero insormontabili.

Verso la metà del XIX secolo c'era già stata una mezza dozzina di tentativi di scalata al Chimborazo: dal versante sud, est e nord. Ma soltanto nel 1880 Edward Whymper e le sue due guide riescono ad arrivare in cima. È il 4 gennaio 1880. Il 3 luglio dello stesso anno tornano alla vetta passando per la cresta nord-ovest. Whymper, che nel frattempo è diventato scettico, si fa certificare formalmente il successo della sua seconda scalata fino alla vetta sia dal suo accompagnatore ecuadoriano Francisco Campaña sia dal console britannico di Guayaquil. Nonostante ciò, in Ecuador nessuno gli crede: la prima scalata continua a essere attribuita al patriota Simón Bolívar, benché nessuno ne sia genuinamente convinto. Sono dicerie, di cui Whymper adesso è vittima: una lezione per l'inglese che a sua volta ne aveva diffuse parecchie in giro per il mondo.

Whymper sceglie inizialmente il versante sud-ovest, semplicemente perché dà per scontato che anche Humboldt abbia a suo tempo fatto lo stesso. Guidano il gruppo i cugini Jean-Antoine e Louis Carrel, di cui l'inglese è ora disposto ad accettare in silenzio le decisioni. Con loro ci sono anche Perring, inglese che vive in Ecuador, e tre *arrieros*. La spedizione è equipaggiata in maniera eccellente: provviste dall'Europa, le tende di Whymper, sacchi a pelo in pelliccia. A ciò si aggiungono strumenti di misurazione e tutte le attrezzature alpinistiche del caso. Dalla Tambo de Totorillas, a ovest del Chimborazo, tre ripide vallate si inerpicano su per la montagna. Dalla terza, soprannominata da Whymper «Vallon de Carrel», la piccola carovana sale diretta alla cresta sud-ovest, quella che separa il ghiacciaio di Thielmann da quello delle macerie (anche queste definizioni si devono allo stesso Whymper). Il campo base è a valle, a 4000 metri buoni d'altitudine; il secondo sulla cresta, a 5000. Per un giorno patiscono tutti il mal di montagna: cefalea, nausea, fiacchezza. Un terzo campo – spinto fino al piano nivale – arriva a quota 5300. Gli indios sono scesi a quelli inferiori e Perring è rimasto al terzo quando, il 3 gennaio, i Carrel, che hanno precedentemente esplorato la via, guadagnano con Whymper quota 5900 metri. Senza scavare gra-

WHYMPER

dini, arrivano fino ai piedi delle imponenti pareti di lava sull'estremità superiore della cresta, sopra le quali pendono i seracchi della vetta. Lì scoppia una bufera di neve che, in un inferno bianco, annulla i confini tra cielo e la terra: il *whiteout*! Whymper sopravvive al caos soltanto perché si affida a colui che è stato il suo maestro sul Cervino. Anche nelle Ande, a seimila metri, Jean-Antoine non ha commesso errori.

Il mattino dopo i tre risalgono per la stessa via, superano pendii lavici friabili e con fatica procedono a zig zag sul firn scosceso, verso l'estremità occidentale della cima ovest. Jean-Antoine Carrel trasporta la cassetta col barometro a mercurio, che sull'altopiano lo ostacola: la neve è così alta e molle che, metro dopo metro, affonda sempre più. Gli scalatori si fanno strada a quattro zampe, a volte sprofondando completamente. Mancano tre ore alla tondeggiante vetta ovest. Giunti lì, capiscono che quella sud è più alta: continuano ad arrancare nella neve e, finalmente, si trovano sulla cima più elevata della montagna: tramite il barometro capiscono di essere giunti a quota 6262 metri. Viene issata l'Union Jack, resta un'ora e mezzo di luce solare per il ritorno. Anche in discesa la neve fresca sul percorso richiede molti sforzi. Il sole equatoriale è già tramontato: finalmente del solido firn! Ora tutti e tre corrono per salvarsi la pelle; bisogna scendere gli ultimi gradini prima che sia buio. Per il rotto della cuffia, in una notte nera come pece, incespicando su delle pietraie tornano al campo alle nove di sera, dopo sedici ore di fatica.

L'arroganza giovanile che Whymper dimostrava ai tempi della scalata del Cervino ha lasciato il posto a un senso del dovere nei confronti della patria: ora il suo compito non consiste più nel raggiungere per primo la vetta, bensì nel rendere onore alla monarchia e acquisire nuove conoscenze. Ancora in buona forma fisica, riesce a tenere il passo con le migliori guide, alle quali affida il comando e la responsabilità. Whymper è dunque diventato lo scalatore tradizionale che aveva rifiutato di essere sul Cervino: un uomo al servizio della Gran Bretagna, della scienza, dell'Alpine Club; un turista alpino dotato di guide e di bandiera.

Ecco perché resta altri due giorni da solo al campo più alto: per raccogliere muschi, pietre, piante e misurare tutto il misurabile. La nebbia, tuttavia, gli impedisce di lavorare con precisione: alla fine la sua mappa del Chimborazo risulta inesatta, le informazioni sulla neve non sono nulla di nuovo, l'apporto scientifico della spedizione è insomma pari a zero. I suoi disegni, invece – strati di firn sterminati, la tenda in mezzo alla bufera di neve, le lingue del ghiacciaio coperte di macerie – sono efficaci come sempre.

Sei mesi dopo, il 3 luglio 1880, nel periodo migliore dell'anno, Whymper raggiunge la cima del Chimborazo per la seconda volta, tuttavia lungo la parete nord-ovest. Dopo aver trascorso tutto quel tempo nelle Ande, i Carrel si sono abituati all'altitudine e non hanno problemi a rendere accessibile la via verso la vetta al loro protetto e a due ecuadoriani.

Venendo dal Carihuairazo, Whymper pianta le tende sulla cresta nord-nord-ovest. Jean-Antoine Carrel ispeziona di nuovo la via. Il 2 luglio il campo base si trova a 4800 metri d'altitudine; il giorno dopo il gruppo parte molto presto e alle 13.20 centra

l'obiettivo: è sulla vetta sud del Chimborazo. Che, per la prima volta, viene raggiunta anche da ecuadoriani, guidati da europei.

Ora il vento soffia meno neve rispetto alla prima scalata, ma in compenso ci sono pericoli di altra natura: il vulcano Cotopaxi ha eruttato. Già durante l'ascensione, la nube che si solleva grazie al vento da nord-est offusca la visuale, nascondendo completamente la vicina vetta ovest. Occorre effettuare il rilevamento barometrico e scendere subito. La via e il rifugio più elevato sono grigi, completamente ricoperti di cenere.

Ancora una volta, Whymper non ha alcun contributo da fornire all'esplorazione scientifica di quella montagna. Il materiale che ha raccolto, tra cui pietre, piante e insetti di quelle altitudini, aggiunge ai risultati di altri ricercatori solo dettagli marginali, e tuttavia gli serve per giustificare le scalate agli occhi dell'opinione pubblica. Come se ora, per lui, lo studio delle scienze naturali contasse più che conoscere la natura degli uomini. Quanto è distante la consapevolezza di questo «ricercatore» da quella del «conquistatore del Cervino»! E in tutto ciò Whymper continua a non sapere cosa significhi assumersi la responsabilità in montagna: la lascia, senza riserve, al fedele Jean-Antoine Carrel, perché a lui interessa soltanto rappresentare l'ideale del conquistatore vittoriano. Così come era stato ingiusto nei confronti dei Taugwalder all'epoca della tragedia del Cervino, adesso si dimostra conformista.

In questa spedizione sulle Ande, durante la quale le guide salvano più volte la situazione, Carrel e Whymper litigano in maniera definitiva. L'inglese manca della sensibilità necessaria per capire come mai lui, nell'altro, alimenti il senso di responsabilità. Anche Taugwalder padre aveva reagito allo stesso modo in sua presenza: entrambe le guide, infatti, vedevano in Whymper una sorta di bambinone che bisognava tenere d'occhio.

Con l'età, l'inglese diventa burbero, amareggiato, taciturno. Si sposa tardi, si separa. La figlia nata dal matrimonio, Ethel Whymper, nel 1930 compie la traversata del Cervino da Zermatt al Breuil. Lui, che trascorre i suoi ultimi anni a Chamonix, è appena tornato da Zermatt quando si ammala. Si chiude nella sua camera d'albergo, rifiuta ogni assistenza medica e muore – da solo, come Taugwalder padre e avvolto nello stesso silenzio di Carrel – il 16 agosto 1911, all'età di settantuno anni.

42

Venticinque anni dopo la prima scalata, il 21 agosto 1890, il membro della sezione torinese del CAI Leone Sinigaglia ingaggia a Courmayeur due guide per affrontare il Cervino: sono il non più giovane Jean-Antoine Carrel, appena reduce da una scalata del Monte Bianco, e Carlo Gorret, anche lui di Valtournenche. Con il loro aiuto, vuole compiere una traversata. Carrel, che dovrebbe condurre la spedizione, apprende da altre guide che le condizioni sono eccellenti: roccia asciutta, neve compatta, cielo limpido.

La sera del 22 agosto, gli uomini raggiungono il Breuil in condizioni atmosferiche ideali: la conca valliva è verde splendente, fa caldo, il Cervino si staglia nero contro un luminoso cielo serale. Non c'è traccia di vento in quota, i campanacci delle mucche al pascolo tintinnano cristallini, sulla montagna ci sono soltanto poche chiazze di neve.

I tre partono alle 2,15 del mattino, con un Cervino rischiarato dalla luce delle stelle a far loro da guida. I suoi contorni sembrano sovrannaturali. Il piano di Sinigaglia è di arrivare fino in vetta lungo la cresta italiana e poi, quello stesso giorno, scendere dal versante svizzero fino al rifugio Hörnli. Carrel però si concede tempo, agisce con prudenza, soprattutto non vuole che il suo ospite esageri. Oppure avverte un imminente cambiamento del tempo? Di tanto in tanto fiuta l'aria ancora fresca del mattino, si ferma più spesso del necessario, scruta la vetta.

Sinigaglia e Gorret si accorgono che Carrel è stanco. Fino al Colle del Leone sale molto lentamente, con movimenti quasi strascicati. Come se l'ascensione gli costasse più fatica del solito. A ciò si aggiunge il disagio di una giornata afosa. È dal sorgere del sole che dalla parete sud si levano lembi di nebbia, come

fumo dagli inferi. Carrel si guarda attorno più volte, come se zaino e responsabilità pesassero più del solito. Quando, attorno alle 10,30, la compagnia arriva al rifugio della Gran Torre, incontra un paio di guide che stanno per scendere. Hanno controllato e sistemato la via.

«Buona salita», augurano.

Carrel decide di rimandare la vetta al giorno successivo. «Possiamo riposarci un po' qui», propone.

Nessuno lo contraddice, anche perché nel frattempo si sono addensati dei nuvoloni scuri. I tre si infilano l'uno dopo l'altro dentro la stretta porta del piccolo rifugio sotto l'imponente torre grigia.

Carrel si sdraia, dorme un paio d'ore. Quando si sveglia e sente il vento che scuote il tetto del rifugio, si preoccupa. Compie gesti nervosi, la barba si muove su e giù, come se volesse spiegare qualcosa. Però non si sente una sola parola, e anche i suoi occhi infossati sono invisibili. In questa oscurità, stretta fra tramezzi di assi, si fa largo la paura. Dentro il ricovero gli uomini sono al riparo dalla neve, ma il vento si insinua in tutte le fessure, fischia negli spigoli. Le due finestre che danno a valle sono ormai cieche, coperte di bianco. Non si vede più niente.

Poi Carrel avanza molto lentamente, ingobbito dentro i vestiti di loden, fino alla porta d'ingresso. Quando la apre di uno spiraglio, dentro il rifugio entra una folata di ghiaccio e neve, accompagnata da un frastuono infernale. Spinge la porta e la richiude. Sinigaglia e Gorret se ne stanno accovacciati sulla panca dal lato della parete quando Carrel apre una seconda volta, questa volta abbastanza da poter sbirciare fuori. Inutile, non si vede nulla: niente gradini, niente rocce, niente nevischio. Come se, da tutte le parti, ci fosse soltanto vuoto e basta. E la furia della tempesta.

«Niente terra... Niente più cielo», sentono mormorare Gorret e Sinigaglia al compagno, che poi richiude la porta e si sdraia in silenzio. Per quaranta ore. Che cosa dovrebbe dire? Sono prigionieri in balia della montagna, non hanno speranze di salvezza dal basso. Come nel rifugio più elevato del Chimborazo, come una volta con Whymper sul Cervino, come sul Monte Bianco durante la tempesta. Sinigaglia sa che più su, ora, è l'inferno ghiacciato di Dante: gelo, sete, fame e paura. Un inferno che presto cala su di loro.

La mattina del 25 agosto, basta: si scende. Provviste e legno sono finiti, anche le poche panche sono state bruciate e ormai non c'è più possibilità che la neve si sciolga. Il tempo resta brutto, ma il vento si è un po' calmato.

Carrel sa che cosa c'è da fare. Soprattutto che cosa deve fare lui: mettere in sicurezza l'ospite che gli è stato affidato. E lo farà. Anche a costo di proteggere solo lui, se sarà necessario. Alzarsi per la discesa! Non è un rituale, è una tortura: i vestiti sono irrigiditi dal freddo, la gola secca, il sangue come congelato.

Alle nove del mattino lasciano l'ingannevole sicurezza del rifugio. Dopo aver fatto cinque o sei gradini coperti di neve, Gorret, ora in testa, inciampa e finisce su un'area innevata. Non sa cosa ci sia sotto. Carrel gli fornisce indicazioni dall'alto. I sassi sotto il manto nevoso cominciano a rotolare, Gorret cade. Un paio di movimenti da nuotatore, la corda si tende ed ecco che la guida è di nuovo in piedi, con la neve che le arriva ai fianchi. Sembra impotente, come se la neve fresca e i sassi fossero troppo per lui. Carrel dimostra comprensione, conosce le difficoltà e i pericoli che devono superare scendendo dalla ripida cresta fino al Colle del Leone: un'arrampicata senza paragone. I tre uomini hanno davanti a sé una giornata molto dura: le corde sono diventate rigide, le rocce coperte di neve e ghiaccio, le prese ghiacciate, spesso invisibili, c'è il vuoto da tutte le parti. Chiaramente, ora Carrel scende per ultimo, facendo sicurezza. Passo dopo passo. I due che lo precedono seguono le indicazioni della vecchia guida: «sinistra», «destra», «dritto verso il basso». Nei casi d'emergenza, nei passaggi verticali, possono farsi calare. Carrel scende dietro di loro, a lui non è consentito scivolare, cadere. Non importa quanto ghiacciata sia la roccia. La responsabilità è sua. Continua a dare indicazioni a Gorret, che ora vede solo come un'ombra sotto di sé e che, a sua volta, non trova più punti

di riferimento. Dove la roccia scende a strapiombo si vedono delle chiazze nere, e solo lì si può valutare la profondità. Il baratro sotto di loro sembra senza fondo. Passo dopo passo, le due guide riportano lo straniero giù dalla montagna.

Sempre nello stesso ordine: la guida giovane davanti, Sinigaglia in mezzo, Carrel per ultimo. È solo grazie all'istinto, alla circospezione e alla conoscenza del percorso di quella guida così esperta se arrivano tutti e tre sani e salvi al Colle del Leone. E anche un po' grazie alla mente lucida di Gorret. I loro vestiti, madidi d'acqua e di sudore, sanno di marcio. Con il corpo scosso dai tremiti, le mani rigide e i piedi insensibili come pezzi di ghiaccio, barcollano ansimando lungo la cresta smussata verso le rocce nere della Testa del Leone.

Carrel, il quale aveva sperato che molto più giù, sul lato riparato dal vento del versante sud della montagna, la tempesta e la neve li avrebbero risparmiati, ora è esausto, in ipotermia. Gli occhi sono diventati quasi ciechi a furia di guardare nel vuoto, di cercare appigli, di fissare l'abisso. Sul Colle, all'improvviso, la tempesta di neve ricomincia. Col doppio della violenza. Traversi e cenge sotto la Cresta del Leone – ora il terreno è più pianeggiante – sono tremendi: la neve fresca arriva alle ginocchia, le placche stratificate a mo' di tetto sono ricoperte di ghiaccio, i ripidi canaloni carichi di neve e di conseguenza gravidi di potenziali valanghe. Ora il freddo punge più che in inverno. I tre quasi soffocano dentro la tempesta di neve: è come se arrivasse da tutte le parti, diventa così forte che a ogni minuto potrebbero essere strappati via dalla montagna. I fiocchi che li sferzano si incollano a barba, sopracciglia, bocca. Con gli indumenti zuppi di neve umida, i tre sembrano rivestiti da una corazza di ghiaccio; le calzature sono fradice, le mani paralizzate. Inutili. Gorret ha anche perso un guanto, e ora con la mano nuda può soltanto tastare, non più afferrare. È come se avesse soltanto un artiglio, non sente la roccia, sa soltanto dove si sta appoggiando. Vento e freddo mettono a dura prova anche Carrel: il viso sembra vecchio, anzi è inquietante. Per poterci vedere, deve continuamente levarsi il ghiaccio dagli occhi; dalla barba attorno alla bocca, completamente aperta, pendono dei ghiaccioli. Avanza con una mano sopra al viso: per poter indicare a Gorret la strada.

«Giù!» La voce di Carrel è gracchiante.

«Come?»

«Càlati!»

«Tienimi!»

«Cosa?»

«Dammi corda!»

«Ancora cinque metri!»

«Tienimi, cado!»

«Sì... no.»

«Basta.»

Sinigaglia non capisce una parola. Come se Gorret, che lascia le orme nella neve, e Carrel, che lo guida dall'alto, parlassero in codice. Per lui quei suoni sono come i versi degli animali, alla fine diventano soltanto grida e lamenti. Non capisce nemmeno i gesti che fanno, però si fida di loro. In mezzo alla tempesta di neve è impossibile parlarsi. Sono ore che non si vede più nulla.

«Cosa facciamo?» chiede Sinigaglia.

«Sopravviviamo!» esclama Gorret.

E come dovrebbero reagire le guide, quando tutto il futuro si riduce a un istante, quando ogni istante diventa una vita a sé?

Carrel conduce questa discesa in maniera ammirevole: non esita, dimostra una resistenza apparentemente inesauribile e l'abilità di una guida per ciechi. Come se avesse ritrovato il massimo della forma, parla allo straniero per fargli coraggio e, quando alle soste gli va vicino, gli dà una pacca sulle spalle. Sinigaglia non riesce a capire la trasformazione del vecchio stanco che c'era dentro al rifugio in una guida di livello superiore, però ne trae coraggio. Gorret sostiene il collega al meglio delle proprie possibilità, anche perché sa che da solo non troverebbe la via. Da Carrel non giunge una sola parola di sconforto, nemmeno di lamentela, soltanto brevi indicazioni – «sinistra», «destra», «traversa» –, sempre in mezzo alla tempesta.

Come un'ombra, la sua sagoma scura emerge di tanto in tanto tra la neve e poi scompare di nuovo. È un'ombra che non mette fretta, ma agisce e lo fa con decisione: adesso non ci si siede, non si resta fermi in piedi, non si esita più. Ora qualsiasi tipo di indugio sarebbe fatale.

«Giù!»

Il resto della discesa è inaspettatamente pericoloso: i canaloni sono pieni di neve slavinata e per Carrel, al buio, è sempre più difficile orientarsi. Benché conosca il Cervino come nessun altro, si sta lasciando ingannare da forme serpeggianti del terreno, dossi di neve, lembi di nebbia. Ora si attarda più spesso, avanza a tastoni, arrampicandosi di sporgenza in sporgenza. Come se seguisse la pista degli spettri. Sono persone, troll, segni, quelli? Sì, sono sulla via giusta. Per il momento, almeno. Lui saprebbe scendere in valle comunque, ma gli altri?

Attorno alle undici di sera, Carrel vacilla per la prima volta. Disidratato, con i vestiti infeltriti dalla neve compatta e stanco morto, viene percorso da un brivido. Ecco un'altra folata di vento densa di nevischio... Sente dei battiti sordi dentro al petto, riesce a stento a respirare. Gli si è fermato il cuore per un attimo? Sa che è la fine. Le sue forze cedono così rapidamente che deve accovacciarsi. Mezzo assiderato, senza più sensibilità nelle mani, la corda rigida come un'asta, da seduto assicura Sinigaglia all'ultima roccia verso il basso. Non lo sente più, però lo sa: sono le sue mani quelle che tengono la corda. È compito suo. Ma il suo cuore? Sì, è il suo cuore! Batte in maniera irregolare. Manca un tiro di sasso alla salvezza, alla superficie erbosa dove iniziano i pascoli. Carrel sa che i pascoli sono quella macchia scura dietro le violente raffiche di vento. Un paio di minuti soltanto, nemmeno cinquanta metri più in basso, e non ci sarà più neve.

Vorrebbe starsene rannicchiato, riposare, addormentarsi. Almeno per il resto della notte. Ma cosa succederebbe, se Gorret perdesse la strada? Quante volte lo ha già richiamato, appena in tempo, prima che cadesse in un dirupo, che entrasse in un canalone franoso, che scivolasse? Il tempo non migliora. Non può morire proprio adesso: non ancora. Resta vigile, sempre attento che la direzione di Gorret sia quella giusta. Non vuole nemmeno pensare all'eventualità che gli altri, senza di lui, precipitino nella notte. Sopra di loro non c'è più un cielo, risalire sarebbe impensabile, la salvezza è solo giù, in valle. E allora si deve scendere lungo il canalone, ancora nella tempesta, sempre più giù! Caparbio e perspicace, Carrel trova lo stesso canalone lungo il quale sono saliti tre giorni prima. Quella fossa li salverà, li condurrà all'ultimo nevaio sopra i pascoli del Riondé. Fanno una breve pausa in un anfratto poco sopra, bevendo un sorso di Cognac a testa.

Poi giù, sempre più giù. Tutto a un tratto, mentre attraversano l'ultima superficie innevata, Carrel resta indietro: la corda che arriva a Sinigaglia è come bloccata. Tesa. «Perché è così lento?» si chiede l'ospite. Si guarda attorno: la guida non si vede più, né si sente. Carrel è caduto dietro una roccia. Prima in ginocchio, poi crollando al suolo, nella neve, dove resta sdraiato.

«Cosa succede?» grida Gorret.

«Niente», gli risponde piano Carrel.

«Perché la corda si è tesa?»

«Non è niente», ripete l'altro.

Si rialza lentamente, si guarda attorno. Sì, sa dove sono e cosa c'è da fare adesso. Avanza pesantemente, tiene la corda. Ce l'ha ben salda nella mano. I suoi compagni sono già sull'erba? Si ferma di nuovo, osserva.

«Siamo giù», avverte Gorret.

Carrel smette di parlare, non sente nemmeno più. Gorret e Sinigaglia però continuano con la corda che arriva da lui, ancora ultimo e convinto di essere l'unico confine tra la sopravvivenza e la morte del suo ospite. Ora Gorret sta scendendo sul terreno erboso, come se, in silenzio, avesse assunto il comando. L'assicurazione non è più necessaria.

All'ultimo nevaio, dal quale un breve ma scosceso canalone erboso conduce ai pascoli del Riondé, la salvezza, Carrel vede di nuovo tutto nero. Barcolla, si accovaccia. È stanco da morire per via di tutto quello scrutare in mezzo alla nebbia, quel tremare al freddo, quegli sforzi per garantire la sicurezza altrui. Stanco per il peso della responsabilità che ha portato fino a questo istante. Ma ora la salvezza è in vista. Anche Gorret lo sa, e continua a scendere lungo il ripido canalone. Passo dopo passo, sempre più giù. Sinigaglia lo segue, ora con la corda lunga. E Carrel? Gorret è già sull'erba quando la corda dietro di lui si tende. Anche Sinigaglia è perplesso. I due si fermano, chiamano. Carrel non risponde più. Non arriva. Non riescono a vederlo.

«Jean-Antoine!» è il grido di Gorret nella notte.

Nulla.

«Vieni!»

Anche Sinigaglia lo chiama. Carrel deve scendere, loro non hanno più bisogno dell'assicurazione. Nessuna risposta. Preoccupato, Gorret torna indietro per un pezzo. Soltanto ora sente la voce di Carrel: «Non ho più forze».

Ma dov'è? Risale seguendo la corda, Sinigaglia lo segue.

Con grande fatica, i due riescono a raggiungere la guida. La trovano già coperta dalla neve, bocconi contro una roccia, completamente esausta. Eppure, per quanto sia incapace di rialzarsi, per non parlare di scendere, sembra soddisfatta.

«Basta così», dice soltanto. «Venite a prendermi più tardi.»

Gorret e Sinigaglia trascinano quel corpo fiacco su un punto pianeggiante. Gorret vorrebbe chiedergli qualcosa, ma non riesce ad articolare una sola parola.

«Cos'ha?» vuole sapere Sinigaglia.

Gorret tiene lo sguardo fisso sul cupo cielo in tempesta.

«Sta morendo», sussurra l'ospite.

«Non lo so», sentono gracchiare a Carrel.

«Siamo scesi», gli dice Gorret.

«Dove?»

«Al Riondé.»

«E io dove sono?»

Le mani di Carrel sono bianche e fredde, il respiro debole, il corpo immobile.

Gorret fa bere al moribondo l'ultimo sorso di vino bianco avanzato. Poi del Cognac, l'unica provvista rimasta. Carrel emette un gemito, si gira, cerca di rimettersi sulle mani e sulle ginocchia.

« Voi siete giù », dice all'improvviso, con forza, prima di ricadere nella neve.

Gorret cerca di sollevarlo, gli friziona il viso con la neve, inutilmente. Carrel emette un altro breve gemito, ma presto non reagisce più. Alzarlo è impossibile: ha il corpo rigido, inamovibile. Gorret gli regge la testa, gli chiede all'orecchio se vuole pregare.

« Ringraziare. »

« Dio? »

« Per la forza. »

« Di fare il tuo dovere? » aggiunge Gorret.

« Sì. »

Sinigaglia capisce queste ultime parole tanto poco quanto quelle scambiate tra le due guide mentre si davano indicazioni. Sa soltanto che, senza l'istinto di quell'uomo, ora sarebbe morto.

Carrel rantola, poi espira profondamente: il suono di un corpo vuoto e sordo. Gorret lascia che si accasci. Ora la guida giace supina nella neve, con gli occhi vuoti puntati al cielo dove, tra le nubi tempestose, fa capolino la luna.

« In piedi! » intima Gorret a Sinigaglia, che minaccia di addormentarsi. Se restiamo qui, moriamo assiderati. Ora non c'è più tempo da perdere. Tagliano la corda che li lega a Carrel, la corda che li ha portati in salvo dalla montagna fino a valle, e riprendono la discesa. Lasciando indietro l'uomo che li ha sottratti alla morte.

Gorret e il suo ospite marciano per il resto della nottata; soltanto muovendosi possono tenersi caldi. Consapevoli che il Breuil sia la salvezza, raggiungono la locanda del Giomein. Alle cinque, completamente distrutti. Ci hanno messo venti ore a scendere, senza provviste, senza pause, in costante pericolo di vita. L'oste è ancora sveglio, c'è stata molta preoccupazione per i dispersi.

La notizia della morte di Carrel, che passa di casa in casa e si diffonde in tutta la valle, suscita profondo stupore, anzi sgomento. «Sia fatta la sua volontà», dice ai credenti il vecchio abate Gorret, che nel frattempo è diventato parroco della valle, avvolto nella sua veste nera.

La mattina partono in sei per recuperare il cadavere: sono le guide Alessandro Pession, Elia Pession e Vittorio Maquignaz di Valtournenche, oltre a tre pastori della zona. Al corteo funebre in discesa si aggiungono più in basso anche due guide svizzere, Schaller e Pollinger. Più scendono, più gente si unisce a loro.

Dalla valle, col binocolo, si può osservare la spedizione di recupero in discesa lungo i pendii. Davanti ci sono gli uomini con la salma di Carrel: è una sorta di processione dal cielo.

La notizia di quella morte eroica si propaga rapidamente, soprattutto perché l'uomo che Carrel ha salvato, Leone Sinigaglia, non lo priva del giusto riconoscimento: *Carrel ha perso la vita da uomo santo e valoroso sulla sua montagna, dopo aver fatto tutto ciò che era in suo potere per salvare i viaggiatori a lui affidati. Abbattuto dalla stanchezza estrema, subentrata soltanto dopo venti ore di impegno indefesso contro tutte le avversità possibili, nel bel mezzo di una tempesta devastante, è morto consapevole di aver messo fuori pericolo coloro che doveva proteggere. Lo serberò in eterno nei miei ricordi con commozione e riconoscenza infinita.*

La salma viene portata nella cappella del Giomein, dove rimane esposta per tre giorni. Il 29 del mese le spoglie di Carrel vengono trasferite a Valtournenche e sepolte nel cimitero locale. Sullo sfondo, il Cervino, una scultura stagliata contro un cielo splendente.

Postfazione

Non c'è montagna sulla Terra che presenti contorni tanto inconfondibili quanto il Cervino. È inavvicinabile, da ogni versante. Nessuno sa cosa, millenni fa, dovessero provare o pensare gli abitanti del Vallese guardando l'« Horu », nome che ancora oggi gli attribuiscono. Temevano per la propria incolumità, quando slavine o massi arrivavano fino ai loro pascoli; leggevano gli improvvisi cambiamenti del tempo tra le nebbie che si agitavano sulle sue creste; evitavano la sua vicinanza.

Il primo nome di questa montagna così unica fu « Mons Silvius ». Poi compare « Mont Cervin » in De Saussure, il filosofo e geologo svizzero, così come nei fratelli Schlagintweit, che nel 1854 pubblicarono una carta geologica delle Alpi. I nomi « Zermatt » e « Matterhorn » sono attestati soltanto dal 1682. Nel 1789 Horace-Benoît de Saussure giunge per la prima volta al piede meridionale del Cervino passando per la Valtournenche. Senza la benché minima speranza di poter scalare quella singolare piramide. Due anni prima, nel 1787, era col suo barometro sulla vetta più elevata delle Alpi, il Monte Bianco, per misurarne l'altezza.

A quei tempi, però, non c'era una via che portasse dagli ampi pascoli del Breuil fino a quella cima altissima. L'obelisco a sezione triangolare, che sembra fatto con lo scalpello, non poteva essere scalato. Allora le sue pareti frastagliate, dove la neve attecchisce a stento, non consentivano scalate. Nemmeno col pensiero.

Nel 1792, in occasione del suo secondo viaggio, De Saussure si ferma in Valtournenche, sale sul Colle del Teodulo e ci resta tre giorni: per analizzare la struttura del Cervino. Vuole determinare anche l'altezza della cima. Raccoglie pietre, piante e insetti; si chiede come possa la pulce dei ghiacciai resistere a temperature tanto rigide e resta a bocca aperta di fronte ai suoi enormi balzi sulla neve. Questo primo viaggiatore, un illustre sconosciuto, influenzerà l'immaginario dei locali per secoli. Ancora a distanza di cinquant'anni, i pastori del Breuil si ricordano di quell'uomo alto che, sul giogo a sud del Cervino, portò alla luce i resti di una fortificazione: il Fort de St. Theodule, secondo lo studioso eretto dai valdostani per difendersi dagli attacchi dei vallesi.

James David Forbes, geologo e filosofo, prosegue gli studi di De Saussure. Anche lui vede nel Cervino «la vetta più sorprendente delle Alpi». È in questo periodo, in cui l'alpinismo è considerato un esotico passatempo per ricchi, che nasce il mito del Cervino. I locali però non riescono a capire perché questi stranieri, che a casa loro possono godere di tutte le comodità, giungano nelle loro povere terre per salire a piedi montagne pericolose e inospitali, pernottare nei fienili o scalare a costo di grandi fatiche vette ghiacciate, quando nelle città da cui provengono potrebbero girare in carrozza e dormire in albergo.

Nell'estate del 1800 – Napoleone è da poco entrato in Italia col suo esercito passando per il Colle del Gran San Bernardo – gli inglesi attraversano il Colle del Teodulo. Dalla Valtournenche arrivano nel Vallese, e il parroco di St. Niklaus, che fino a quel momento non aveva mai visto un inglese in carne e ossa, si spaventa. Presagisce il futuro influsso del turismo sui suoi credenti? A ogni modo, lui e gli altri uomini di cultura si augurano che da questo fenomeno «la valle di St. Niklaus possa restare ancora a lungo al riparo». Quarant'anni dopo, il dottor Lauber, medico del paese, inaugura la prima locanda della valle: il «Du Mont Cervin», dotata di cucina e tre letti per gli ospiti. Il numero di turisti soprattutto inglesi che giungono nelle Alpi, in «questo immenso anfiteatro della natura», cresce. Il Cervino, esaltato come «meraviglia delle meraviglie», all'inizio attira principalmente l'attenzione degli scienziati: James David Forbes non è infatti l'unico a pensare che «la vetta più sorprendente delle Alpi sia impossibile da scalare».

Nel 1844 arriva a Zermatt lo scrittore, pittore e filosofo John

Ruskin. È stato lui, coi suoi disegni, a trasformare la sagoma del Cervino in un logo. A quattordici anni, i suoi genitori lo avevano portato in un viaggio sulle Alpi, risvegliando così il suo interesse per le montagne. Il ragazzo legge i *Voyages* di De Saussure, regalatigli dal padre, e scopre il «ritorno alla natura»: «Le porte della montagna mi dischiusero una vita nuova, che non avrà fine se non alle porte di quel monte onde non s'ha ritorno». Sono i dipinti di William Turner, immagini delle cime quando c'è aria di tempesta o al tramonto, nei quali il romantico pensa di riconoscere «l'architettura della montagna».

Nel 1855 il vallese Alexander Seiler inaugura a Zermatt una locanda con sei posti letto. Quando nel 1857 gli inglesi fondano il loro esclusivo Alpine Club (i membri devono aver superato quota quattromila), il «villaggio del Cervino», circondato da ventinove cime oltre i quattromila diventa il loro terreno di gioco preferito. Cresce l'interesse nei confronti dell'alpinismo; inglesi appassionati di questo sport scalano, con le loro guide svizzere, cime sempre più impegnative. Soltanto una, il Cervino, resta tabù. Perché le guide lo considerano «impossibile», caratteristica che diventa ben presto fondamentale: un sinonimo di terrore e, allo stesso tempo, di sfida.

La battaglia per la conquista della cima più elevata del Monte Rosa dura nove anni, e si conclude nel 1855. Poi vengono scalate anche altre vette attorno a Zermatt, ma quella del Cervino continua a rimanere inviolata. «Arrivare in cima al Cervino è possibile», scrive nel 1855 lo scienziato alsaziano Daniel Dollfus-Ausset: «Una mongolfiera di normale stoffa resistente e forma particolare, trattenuta da una lunga corda che si dipana lentamente, permetterebbe agli aeronauti di manovrare la loro navicella e di farla atterrare sulla vetta».

Due anni dopo, nel 1857, tre uomini partono dal Breuil per verificare a piedi se la montagna sia scalabile. Senza alcun tipo di ausilio. Oltrepassando le rocce della frastagliata cresta sud-ovest, raggiungono la notevole quota di 3700 metri. Uno dei tre curiosi è il leggendario Carrel, battezzato a Valtournenche il 17 gennaio 1829 con il nome di Jean-Antoine. Viene da una delle tre famiglie di Carrel, poveri contadini delle valli a sud del Cervino che in quei luoghi vivono da generazioni. Jean-Antoine è sposato, abita in una piccola baita a Valtournenche, in estate si sposta ad Avouil, e deve provvedere a nove figli.

Gli abitanti della valle suddividono il loro territorio in superfici utili e inutili. Là dove i prati forniscono erba e i boschi legname, dove l'acqua fa girare i mulini, i contadini vivono come seminomadi. Fino al punto in cui si spingono i camosci, salgono anche cacciatori e bracconieri. Ancora più su, c'è il nulla; il confine è segnato dalle nevi perenni. Ciò che si estende da lì fino al cielo non suscita né curiosità né avidità. Perché nessuno, pensano gli alpigiani, si espone volontariamente al pericolo di ghiacciai o di pareti rocciose. Quando spuntano gli inglesi, si danno le spiegazioni più assurde: non verranno mica in montagna per piacere o per arricchire le loro conoscenze? Sono forse cacciatori di tesori, alchimisti o agenti segreti? Oppure pazzi... perché solo i pazzi si spingono lassù, dove si muore.

E invece Jean-Antoine Carrel riesce a capire il loro comportamento, a decifrare i loro strani gesti, a condividere la loro curiosità. Soltanto le abitudini gli risultano estranee. Anche lui è curioso. Forse, pensa, potrebbe aiutarli a raggiungere i loro obiettivi. La stragrande maggioranza di quelle persone non sa destreggiarsi tra i pericoli delle montagne: ha scarso senso dell'orientamento, esperienza insufficiente nel decifrare i segnali del tempo, nessuna percezione dell'immensità delle montagne e delle loro insidie. In Valtournenche il mestiere di guida alpina non esiste. In effetti manca l'equipaggiamento necessario e mancano le regole. I « signori » vengono, ingaggiano portatori, salgono con loro sulle montagne dei dintorni e li pagano. I locali devono fare quello che dicono loro.

Carrel però ha sentito dire che, sull'altro versante del Cervino, delle guide alpine vere e proprie esistono. Sono pastori, cacciatori di camosci, bracconieri ai quali gli ambiziosi turisti si affidano. Arrampicare ha a che vedere con la conoscenza del terreno e di condizioni locali quali clima e conformazione delle rocce. Quando tra un turista e il suo aiutante del posto si sviluppa nel tempo un rapporto di fiducia, si forma un vincolo che va oltre la singola escursione: nasce una sorta di cordata in cui la guida presta un servizio, assumendosi la responsabilità dei suoi turisti in cambio di un compenso. Spesso i ricchi inglesi restano tra le montagne con le stesse guide per settimane. Carrel capisce che il problema di questi «signori» è la paura della paura. È solo a causa dell'insicurezza che cercano l'aiuto delle guide. Queste non devono farsi carico solamente dello zaino, bensì anche della responsabilità. E lui, povero montanaro e cacciatore di camosci, si sente in grado di poter garantire queste scalate – a patto, però, di poter anche prendere le decisioni una volta che si è sulla montagna.

Whymper è uno di questi «signori»: Edward Whymper, dall'Inghilterra. Da bambino non ha mai avuto niente, ma proprio niente a che fare con le Alpi. Suo padre, acquarellista e incisore affermato e stimato, vive con nove figli maschi e due femmine a Londra. Edward, secondogenito nato nel 1840, non è un bambino prodigio.

Quando ha dodici anni, Albert Smith presenta *The Ascent of Mont Blanc* all'Egyptian Hall di Piccadilly, a Londra, uno spettacolo che resta in cartellone per ben sei anni: con duemila repliche e ottocentomila spettatori, è ancora oggi la performance di maggior successo che abbia come tema la montagna. Le scene hanno nomi quali «Il viaggio da Londra a Chamonix» e «La scalata del Monte Bianco»; esplode, come scrive il *Times*, una vera e propria «Mont Blanc Mania». Le Alpi sono sbarcate in Inghilterra, ma Whymper non ancora nelle Alpi. A quattordici anni lascia la scuola per dedicarsi all'attività del padre e apprendere l'arte della xilografia. Dipingere con gli acquarelli è il suo secondo talento, la professione d'artista è ormai una realtà. Ed è proprio quest'ultima a offrirgli la possibilità di vedere le Alpi, quando l'editore William Longman lo incarica di partire per il Delfinato allo scopo di ritrarne le montagne: la sua carriera di freelance è iniziata. A vent'anni non ha ancora visto una montagna. Si interessa di alpinismo? No. A quei tempi è una disciplina per ricchi, uno sport nuovo, una sorta di compensazione all'esistenza sotto la luce artificiale delle nuove città industriali. Partito per disegnare, dipingere e intagliare nel legno le montagne, presto Whymper inizia a scalarle. Alla fine di luglio del 1860 compie il primo viaggio attraverso la Svizzera. L'escursione sulle Alpi francesi del Mont Pelvoux, alto quasi quattromila metri, è il suo battesimo come scalatore. Sente parlare dell'inviolato, anzi dell'impossibile Cervino, e ne resta come folgorato: vuole andarci. No, deve! Sebbene tutte le guide di Zermatt scuotano la testa davanti a tanta ingenuità, ormai Whymper lo ha reso il suo prossimo obiettivo.

Oltre a lui, in questo periodo l'unico a essere convinto che il Cervino possa essere conquistato è Jean-Antoine Carrel. Meglio se dal versante italiano. Diventa per entrambi una questione assolutamente personale: Whymper è mosso soprattutto dall'interesse sportivo, Carrel dalla curiosità. Nessuno dei due coltiva secondi fini nazionalistici. Ma Carrel non osa salire con Whymper alla vetta. Non può assumersene la responsabilità. Dunque l'altro ci prova senza di lui, dall'altro versante, e ci riesce.

Il 1865 è un anno fondamentale per l'alpinismo moderno, iniziato nel 1786 con la prima scalata del Monte Bianco e proseguito fino a oggi. In quell'estate vengono mandate a segno oltre quaranta prime soltanto tra i Pirenei e le Dolomiti: per ricordarne alcune, le Grandes Jorasses, Aiguille Verte, Wellenkuppe, Obergabelhorn, Aiguille de Bionnassay, Breithorn, Tschingelhorn, Mont Blanc de Cheilon, Nesthorn, Grande Mèsule, Piz Roseg, Piz Buin, Cima Tosa, Tofana di Dentro, Cevedale, Monte Cristallo. Oltre a queste, alcuni nuovi itinerari pioneristici come lo Sperone della Brenva sul versante sud del Monte Bianco, la Cresta del Leone sul Cervino, il pilastro nord del Silberhorn, la traversata dell'Ortles da nord a sud. Il mestiere di guida alpina è ormai consolidato, e nei paesi turistici emergenti come Chamonix, Valtournenche, Zermatt, Grindelwald e Cortina d'Ampezzo crescono vere e proprie dinastie di professionisti.

***

Nel 1890, anno della morte di Carrel, un imprenditore chiede al governo federale di Berna le concessioni per costruire un impianto di risalita da Zermatt al Gornergrat e un secondo da Zermatt alla cima del Cervino. Presto i giornali annunciano che le opere verranno iniziate. L'impianto sul Gornergrat entra effettivamente in funzione nel 1899, l'altro per fortuna no. Però l'audace progetto, messo a punto dall'ingegnere Xaver Imfeld, esiste tuttora: una linea che arriva fino all'Hörnli e poi prosegue dentro la montagna, attraverso un tunnel rettilineo lungo due chilometri, fin quasi sotto la cima del versante di Zmutt, dove i passeggeri sarebbero sbucati.

Come fanno in fretta fantasia e tecnologia a condurre l'alpinismo ai limiti dell'assurdo! A cinque anni dalla morte di Carrel, Whymper torna al Breuil e percorre la sua via fino a metà verso la cima: per scattare delle fotografie.

> *Nell'agosto del 1895 arrivo alla base della Gran Torre passando per la cresta sud-ovest: erano trascorsi più di trent'anni dall'ultima volta che c'ero stato e ho scoperto che, nel frattempo, sulla montagna hanno avuto luogo diversi cambiamenti. L'altitudine del Colle del Leone era più bassa di prima, perché c'era meno neve, quindi lo si poteva attraversare in minor tempo. Proseguendo in salita, per circa centocinquanta piedi, di grosse novità non ce n'erano, invece più su la cresta aveva molto sofferto: tanti dei punti che una volta conoscevo bene sono diventati a me irriconoscibili. Nessuno mi era rimasto impresso nei ricordi più della Cheminée; oltre metà della formazione rocciosa era sparita, lasciando solo un*

accenno; da lì in su, poi, era cambiato tutto: i punti difficili erano diventati facili, quelli facili estremamente difficili. Nell'angolo a cui ora è fissata una robusta fune di risalita con nodi, un tratto tra i più difficili in assoluto di tutta l'escursione, nel 1864 non c'era assolutamente alcun tipo di ausilio di arrampicata.

Su entrambi i versanti del Cervino, sulla Cresta del Leone e sull'Hörnligrat, oggi ci sono delle corde fisse, qua e là anche delle scale. Così l'«Horu», la «Gran Becca», è diventato accessibile anche per chi non è all'altezza di affrontarlo sotto la propria responsabilità. Proprio come sull'Everest, che anno dopo anno viene preparato dagli sherpa per ascensioni di massa: ambedue sono diventati montagne del consumo.

La «battaglia per il Cervino» del 1865 segnò l'inizio di questa evoluzione, da cui discende anche una radicale trasformazione della disciplina: da alpinismo di conquista ad alpinismo della difficoltà. Ed entrambi i pionieri del Cervino, Whymper e Carrel, sono figure simboliche. Del trionfo del Cervino, tuttavia, è rimasto solo il nome di Whymper: un giovane uomo, grande come la montagna che ha scalato per primo. Ancora oggi è famoso come pioniere, ammirato come disegnatore, letto come scrittore. Non c'è dubbio che fosse uno scalatore sufficientemente capace, dotato di ideali, obiettivi e un'etica autoritaria. Soltanto, non voleva assumersi la responsabilità delle proprie azioni.

I principali tentativi di arrivare in vetta prima del 14 luglio 1865

	Data	Nomi	Versante	Altezza (in metri)
1	1858-59	J.-A. Carrel J.-J. Carrel Victor Carrel G. Maquignaz Abbé Gorret	dal Breuil, Cheminée	4217
2	luglio 1860	Alfred Parker Charles Parker P. Sandbach	da Zermatt, versante Est	3833
3	agosto 1860	Hawkins Tyndall	dal Breuil	4330
4	luglio 1861	I signori Parker	da Zermatt, versante Est	3900
5	29 agosto 1861	J.-A. Carrel J.-J. Carrel	dal Breuil, Crête du Coq	4410
6	29-30 agosto 1861	Ed. Whymper	dal Breuil, Cheminée	4217
7	Gennaio 1862	Kennedy	da Zermatt, versante Est	3666
8	7-8 luglio 1862	Macdonald Ed. Whymper	dal Breuil, cresta sotto la Cheminée	4000
9	9-10 luglio 1862	Macdonald Ed. Whymper	dal Breuil, Gran Torre	4097

	Data	Nomi	Versante	Altezza (in metri)
10	18-19 luglio 1862	Ed. Whymper	dal Breuil, quasi alla Cravate	4466
11	23-24 luglio 1862	Ed. Whymper	dal Breuil, Crête du Coq	4383
12	25-26 luglio 1862	Ed. Whymper	dal Breuil, quasi alla Cravate	4287
13	27-28 luglio 1862	Tyndall	dal Breuil spalla	4245
14	10-11 agosto 1863	Ed. Whymper	dal Breuil, Crête du Coq	4427
15	21 giugno 1865	Ed. Whymper	Versante Sud	3400
16	14 luglio 1865	Prima salita in vetta Whymper, Croz, Douglas, Hadow, Hudson, Taugwalder padre e figlio	da Zermatt	4478
17	17 luglio 1865	Seconda salita in vetta J.-A. Carrel, Jean-Baptiste Bich	Versante Sud	4478

Bibliografia

Die Alpen Rivista del Club Alpino Svizzero

Alpine Journal Rivista del Club Alpino Inglese

Braunstein, Josef, *Zur Entstehungsgeschichte des Matterhorns*, in *Alpenfreund*, 1925

Crivellaro Pietro, *Quintino Sella e la battaglia del Cervino*, in *Gli archivi e la montagna* a cura di M. Cardarelli e M. Gentilini, Roma, Consiglio Nazionale delle Ricerche, 2014, pp. 31-90

Dangar, D. F. O., Blakeney, T. S., *The First Ascent of the Matterhorn* (dove si trova la relazione del giovane Peter Taugwalder, 1957)

Fantin, Mario, *Cervino 1865-1965*, Bologna, Tamari Editori, 1965

Gorret, Amé, *Die erste Begehung des italienischen Grates*, in *Deutsche Alpenzeitung*, 27/1932

Gos, Charles, *Le Cervin. L'époque Héroïque 1857–1867*, Attinger 1948

Grosjean, Georges, *Die Erstbesteigung des Matterhorns am 14. Juli 1865* (allegato a *Die Alpen*, 1965)

Kronig, Stanislaus *Familien-Statistik und Geschichtliches über die Gemeinde Zermatt*, 1927, ristampa anastatica, Visp 1982

Lunn, Arnold, Bettex, Albert, *Taugwalder und das Matterhorn*, in *Du* 6/1946

Mazzotti, Giuseppe, *Grandi imprese sul Cervino*, Milano, L'Eroica 1934

Perren, Luisa, Perren, Beat H., *Cervino, La Gran Becca*, Fondazione Enrico Monti, 2009

Rey, Guido, *Il Monte Cervino*, Milano, Hoepli, 1926, ultima ristampa Milano, Hoepli 2000

Sinigaglia, Leone, *La morte di Giovanni Antonio Carrel*, in *Rivista mensile del CAI*, 30. 8. 1890
Taugwalder, Hannes, Jaggi, Martin, *Der Wahrheit näher. Die Katastrophe am Matterhorn 1865 und andere Erstbesteigungen*, Aarau, Glendyn Verlag, 1990
Viriglio, Attilio, *Jean Antoine Carrel*, Bologna, Licinio Cappelli Editore, 1956
Whymper, Edward, *Scrambles Amongst the Alps in the Years 1860-69*, 4ª edizione, London, John Murray, 1893 (ultima edizione italiana, *La salita al Cervino*, Torino, Vivalda Editori, 1996, 2004)
Whymper, Edward, in *The Times*, 8. 8. 1865
Williams, Cicely, *Zermatt Saga*, G. Allen and Unwin, 1964

Referenze iconografiche

Le illustrazioni sono tratte da:

Travels Amongst the Great Andes of the Equator di Edward Whymper, London, John Murray, 1893
The Ascent of the Matterhorn di Edward Whymper, London, John Murray, 1880
Scrambles Amongst the Alps in the Years 1860–69 di Edward Whymper, Fourth Edition, London, John Murray, 1893
La prima acensione del Cervino e *Il disastro del* Cervino, incisioni di Gustave Doré
Chiesa e albergo al Breuil di, cartolina tratta da una foto di Odoardo Ratti
Bersaglieri nella battaglia di Solferino di Wysocki, collezione Reinhold Messner

Indice

REINHOLD MESSNER
LA VITA SECONDO ME

Reinhold Messner compie 70 anni e attraverso 70 parole chiave, da Vita a Morte, da Fiducia a Destino, racconta se stesso per trasmettere agli altri la propria, straordinaria, esperienza. Qual è l'odore di casa? Quanta libertà d'azione deve avere un bambino? Paura, egoismo, istinto sono caratteristiche umane necessarie per sopravvivere in certe condizioni? Reinhold Messner scrive il suo personale « lessico » di vita. E con il bagaglio di esperienza di chi ha affrontato la natura nelle sue manifestazioni più pericolose, Messner parla di ambizione e pudore, incubi e vecchiaia, di capacità di reinventarsi daccapo e di accettare la vita che ci aspetta.

La leggenda dell'alpinismo si racconta: il bilancio definitivo di una vita al limite.

CORBACCIO

Fotocomposizione Editype S.r.l.
Agrate Brianza (MB)

Finito di stampare
nel mese di luglio 2015
per conto della Casa Editrice Corbaccio S.r.l.
da Grafica Veneta S.p.A. di Trebaseleghe (PD)
Printed in Italy